Freizeit- und Wander-
Spass mit dem ZVV

Inhalt

Phillipe Cruz / Lukas Fischer

Freizeit- und Wander-Spass mit dem ZVV

Gut unterwegs in der Region Zürich

el EDITION LAN

Ausfliegen mit dem ZVV

Damit du da bist, wo dein Vergnügen ist

Tummeln sich im Säuliamt besonders viele kleine Schweinchen? Trinkt man im Zürcher Weinland nur Wein? Über die Region Zürich gibt es mehr zu entdecken und zu erfahren als Sie denken. Abwechslung, Entspannung und oft auch Unerwartetes liegen direkt vor Ihrer Haustüre. Wandern Sie auf den Spuren von Gottfried Keller im Zürcher Unterland oder folgen Sie dem Guyer-Zeller-Weg von Bauma nach Bäretswil. Erleben Sie mit dem Zürcher Verkehrsverbund ZVV die schönsten Ausflugsziele in nächster Umgebung.

Einsteigen und los geht's

Sie müssen nicht in die Alpen reisen, um Wanderrouten mit breitem Panorama oder idyllische Seenlandschaften zu finden. Schöne Plätze zum Entspannen und Geniessen gibt es auch rund um Zürich. Damit Sie diese Orte entdecken können und zu neuen Ausflügen inspiriert werden, ist in Zusammenarbeit mit dem ZVV der vorliegende Wanderführer entstanden. Auf den folgenden Seiten finden Sie 35 Ausflugstipps im Kanton Zürich für jeden Geschmack und jede Jahreszeit. Entfliehen Sie der Hektik der Städte und geniessen Sie die Ruhe der Berge, Hügel und Täler in Ihrer Nähe. Lassen Sie sich von der Vielfalt Ihres Zuhauses überraschen und verblüffen. Am besten hautnah, praktisch und preiswert mit dem ZVV. In den öffentlichen Verkehrsmitteln lassen Sie den Alltag bereits auf der Anfahrt zu Ihrem Ausflugsziel hinter sich.

Steigen Sie einfach ins nächste Tram, lassen Sie sich im Bus chauffieren oder sausen Sie mit der S-Bahn quer durch den Kanton Zürich. Ihr Ziel erreichen Sie im Nu – ohne Stress oder Stau. Längst bewältigt der ZVV viel mehr als nur die Pendlerströme am Morgen und Abend. Denn auch tagsüber und am Wochenende fahren die Verkehrsmittel in regelmässigem Takt. Der ZVV bietet so stets kurze Reise- und Umsteigezeiten und zuverlässige Verbindungen durch gute Anschlüsse. Um das richtige Billet brauchen Sie sich keine Gedanken zu machen: Für Tram, Bahn, Bus, Schiff oder Seilbahn gilt: «Ein Ticket für alles». Mit genügend Zeit lohnt sich dieses Ticket sodann ganz besonders, denn mit dem übersichtlichen und einfachen Zonentarif können Sie innerhalb des von Ihnen gewählten Gebiets mit sämtlichen Verkehrsmitteln reisen, egal wohin und wie oft Sie wollen. Sie werden sehen: Die Region Zürich ist bestens vernetzt und erschlossen. Malerische Dörfer, satte Wiesen, verwunschene Wälder, sonnige Hügel und kühle Seen – für den ZVV ist fast nichts zu abgelegen. Und dank der schnellen Anreise können Sie Ihren Wandertag noch länger geniessen.
Wenn Sie eine Frage zum ZVV-Freizeit- und Wanderführer, zum Ticketsortiment oder zum Fahrplan haben, geben wir

Kennen Sie die vierteljährlich erscheinenden ZVV-Ausflugstipps? Diese liegen an den ZVV-Verkaufsstellen sowie in diversen Fahrzeugen auf. Oder klicken Sie ganz einfach im Internet unter
www.zvv.ch/ausflugstipps
und stöbern Sie sofort und bequem daheim nach Unentdecktem.

tipp:

Spezialfahrten

Geniessen Sie unsere spannenden Spezialfahrten: Die Transportunternehmen des ZVV bieten Ihnen unvergessliche Momente, sei es im Tram, auf dem Schiff oder …
Lassen Sie sich überraschen und erleben Sie den öffentlichen Verkehr auf neue, witzige und einzigartige Weise. Wo werden Sie sonst während der Fahrt kulinarisch verwöhnt? Planen Sie einen Betriebsausflug oder andere spezielle Erlebnisfahrten? Die Transportunternehmen des ZVV versuchen, Ihre Wünsche zu erfüllen. Einige der Verkehrsmittel können für private Veranstaltungen gemietet werden. Wenden Sie sich an die Partnerunternehmen im ZVV:

www.laf.ch
www.postauto.ch/zuerich
www.sbb.ch
www.sgg-greifensee.ch
www.stadtbus.winterthur.ch
www.szu.ch
www.vbg.ch
www.vbz.ch
www.vzo.ch
www.zsg.ch

Natur pur in der Umgebung von Sternenberg

Atem holen im renovierten und neu gestalteten Kloster Kappel – ein Ort zum Aufatmen

Rendez-Vous mit Familie Bär im ersten Naturerlebnispark der Schweiz – Wildnispark Zürich

Schiff ahoi– geniessen Sie spannende Rundfahrten und einmalige Events auf dem Zürichsee.

Blick auf das einzigartige, mittelalterliche Landstädtchen Regensberg

Ihnen gerne Auskunft. Rufen Sie ZVV-Contact unter 0848 988 988 an oder senden Sie eine e-Mail an contact@zvv.ch. Unsere Ausflugskenner helfen Ihnen bei Ihren Anliegen weiter. Auf der Webseite www.zvv.ch/ausflugstipps erhalten Sie detaillierte Informationen zu jedem einzelnen Wanderort sowie zu Aktionen und Vergünstigungen. Besuchen Sie noch heute die virtuelle Freizeitwelt, stöbern Sie durch die 150 spannenden Ausflugsvarianten und machen Sie sich auf die Reise.
Nur so finden Sie auf eigene Faust heraus, wo sich die Schweinchen im Säuliamt verstecken und was in den Restaurants im Weinland nebst Wein noch auf der Karte steht. Einfach einsteigen und ausfliegen.

Viel Spass und gute Fahrt wünscht

Ihr Zürcher Verkehrsverbund

ZVV EIN TICKET FÜR ALLES

Entdecken statt pilgern

Mit der Reformation von 1527 wurden alle Klöster im Kanton Zürich aufgehoben und die Güter durch die Amtsleute der Stadt Zürich verwaltet. Deshalb ist der im Jahr 2000 angelegte Ämtlerweg, der vom Türlersee über Hausen am Albis zum Kloster Kappel führt, auch kein Pilgerweg – vielleicht ein Entdeckerweg, denn zahlreiche Tafeln informieren über Kultur und Geschichte.

ZVV EIN TICKET FÜR ALLES

Anreise: Von Zürich mit der S21 bis Wiedikon, weiter mit dem Bus über das Kloster Aeugstertal (umsteigen) bis zum Türlersee

Rückreise: Vom Kloster Kappel mit dem Bus über Hausen am Albis (umsteigen) nach Zürich Triemli, von dort mit der S10 in die City

Unsere Route: Türlersee – Vollenweid – Seeberig – Heisch – Hausen am Albis – Näfenhüser – Kloster Kappel

Landeskarte der Schweiz 1:25 000, Blatt 1111 «Albis» oder Wanderkarte 1:50 000, Blatt 225T «Zürich»

Wir benötigen vom Türlersee zum Kloster Kappel rund 2 h und weitere 30 min für den Klosterrundgang.

Leicht – hügeliges Gelände, gute aber meist schattenlose Wege – wenige Meter Auf und Ab

www.hausen.ch
Tel. 044 764 80 20
Tel. ZVV 0848 988 988
contact@zvv.ch

Unser gut ausgebauter Weg führt durch wunderschöne Landschaften im Säuliamt.

Mitte: Kloster Kappel aus dem 12. Jahrhundert
Unten: Mannshohes Schilf am Türlersee

Fotos: Philline Cruz

Oben: Der Klosterweiher ist der ideale Ort, um an unserem Ziel auf den Bus zu warten. Unten: Auch der Blick auf den Boden lohnt sich – Orchideen bei Seeberig.

Der Ort, wo Huldrich Zwingli fiel

In der Südwestecke des Kantons Zürich liegt das Säuliamt, das im Süden an den Kanton Zug und im Westen an den Kanton Aargau grenzt. Wie aber kommt das Amt zu seinem kuriosen Namen? Will man den Überlieferungen glauben, so war die Ursache ein Viehtrieb mit Schweinen und Kälbern über den Uetliberg. Plötzlich brachen die Tiere aus, die Schweine rannten den Westhang, die Kälber den Osthang hinunter. Seither heisst die Region, in der heute rund 42 000 Menschen leben, Säuliamt.

Unser Ausgangspunkt am bezaubernden Türlersee wäre eigentlich schon ein lohnendes Tagesziel für einen Ausflug. Am Wasser vergessen wir zwischen Schilf und sonnigen Holzstegen rasch die Zeit. Weil es an schönen Sommertagen nur so von Erholungssuchenden im Strandbad wimmelt, ziehen wir die Stille und Weite auf unserer Wanderung zum Kloster Kappel vor. Wir verlassen das Naturschutzgebiet am Türlersee und wandern auf einem breiten Feldweg nach Süden zum Weiler Vollenweid. Hier überqueren wir die Hauptstrasse und setzen unseren Weg am sonnigen Südhang des Gom-Berges fort. Ein romantisches, stilles Tal öffnet sich uns und beim Hof

tipp:

Kloster Kappel

Es mag eigenartig klingen, dass ein Kloster der evangelisch-reformierten Landeskirche gehört. Entsprechend nüchtern präsentiert sich auch die gotische Kirche am Südfuss des Albis – ohne Schnickschnack und Gold, aufs Wesentliche beschränkt. Die Klosteranlagen wurde in den letzten Jahren sorgfältig restauriert. Heute ist das ehemalige Zisterzienserkloster aus dem 12. Jahrhundert ein Seminarhotel und Bildungshaus, das noch immer viel Spiritualität ausstrahlt. Über Gott und die Welt kann man auch im evangelisch-reformierten Kloster diskutieren. Liturgische Nächte, offenes Singen, Tageszeitengebete, Nachdenken, Seelsorge – das Angebot nebst Bett, Speis und Trank im Hotel ist vielfältig. Auf der Suche nach Glauben und christlicher Weisheit werden

auch Kurse im Kloster Kappel angeboten. Das aktuelle Programm wird jeweils im Internet ausgeschrieben.
Infos: www.klosterkappel.ch

Atem holen in der stillen Andacht der Klosterkirche – ein Ort zum Aufatmen.

Gepflegte Bauerngärten mit den allzeit beliebten Sonnenblumen, die mehrere Meter hoch werden können. Rechts: Der Löwen in Hausen ist ein traditioneller Landgasthof.

Seeberig blicken wir auf Hausen am Albis, den Zugersee und die Zentralschweizer Alpen. Der Abstieg in den Ortsteil Heisch ist kurz und mühelos. Wir folgen nun dem Ätmlerweg mit seinen blauen Wegweisern und den zahlreichen Infotafeln. Beim Posten 8 erfahren wir etwas über die Entstehung der Textil- und Seidenindustrie im Berzirk Affoltern. Während des 17. Jahrhunderts liessen sich viele Heimarbeiter von den reichen Stadtzürcher Textilunternehmern anstellen. In Ergänzung zum Einkommen aus dem Bauernbetrieb sponnen und woben sie – auch Kinder mussten diese Arbeit verrichten. 1857 wurde sogar die Seidenraupenzucht eingeführt. Das Klima für die Maulbeerbäume war jedoch ungünstig und die Kosten standen in keinem Verhältnis zum Ertrag, so dass dieser Versuch scheiterte. Wir folgen weiter dem Ämtlerweg und überqueren den Mülibach, bevor wir dem Waldrand entlang nach Näfenhüser spazieren. Nur wenige hundert Meter vom Weiler entfernt verlor der Zürcher Reformator Huldrich Zwingli am 11. Oktober 1531 bei der Schlacht von Kappel sein Leben. Zwei Jahre zuvor hatten hier die evangelischen und katholischen Truppen noch gemeinsam die Kappeler Milchsuppe gelöffelt. Uns bleibt das letzte Stück über die Wiesen zum Kloster Kappel, wo wir von der Terrasse des Klostercafés den Blick auf die Alpen geniessen.

Säuliamt:
Arni – Bonstetten

2

Ein Ausflug in den Aargau

Schleckmäuler aufgepasst: Die Arni-Schokolade, welche früher in den Verkaufsregalen der Coop-Filialen stand, kommt nicht aus der aargauischen 1600-Seelen-Gemeinde Arni im Kelleramt. Im Dorf gibt's weder eine Arni-Fabrik noch einen Coop. Wer Lust auf Süsses im Rucksack hat, muss dennoch nicht verzichten – die ländliche Volg-Filiale befriedigt auch süsse Gelüste.

ZVV EIN TICKET FÜR ALLES

Anreise: Von Zürich mit der S9 oder S15 bis Birmensdorf, weiter mit dem Postauto Richtung Oberlunkhofen bis Arni

Rückreise: Von Bonstetten-Wettswil mit der S9 oder S15 nach Zürich

Unsere Route: Arni-Stockacker – Räggliholz – Islisberg – Dornmatt – Fluechhaugraben – Bahnhof Bonstetten-Wettswil

Landeskarte der Schweiz 1:25 000, Blatt 1111 «Albis» oder Wanderkarte 1:50 000, Blatt 225T «Zürich»

Die Wanderung vom Aargauer Kelleramt ins Zürcher Isenbachtal ist in rund 1 h 30 min zu schaffen.

Mittelschwer – die Wegführung ist nicht überall klar, Wanderkarte mitnehmen – 112 m bergab, 153 m bergab.

www.arni-ag.ch
Tel. 056 649 90 10
Tel. ZVV 0848 988 988
contact@zvv.ch

Zwischen Arni und Islisberg durchqueren wir das Räggliholz an der Grenze Aargau/Zürich.

Mitte: Kuriose Erd-Einfamilienhäuser in Arni
Unten: Nicht überall ist der Weg gut markiert

Fotos: Phillipe Cruz

Auf unserem Abstieg von Islisberg, das auf einem Hügel liegt, blicken wir ins Isenbach- und Reppischtal mit Wettswil und Bonstetten. Im Hintergrund der Uetliberg.

Einmal katholisch, immer katholisch

Seit der Autobahnanschluss in Birmensdorf im Frühjahr 2009 eingeweiht wurde, rückt das Aargauer Dorf Arni näher an die Stadt Zürich. Wer mit dem ÖV nach Zürich fährt, muss auch nicht hinten anstehen. Mit der Zone 55 gehört Arni zum Zürcher Verkehrsverbund (ZVV) und mit dem Anschluss am Bahnhof Birmensdorf (Postauto/S-Bahn) ist man staufrei noch schneller als auf der Autobahn in der Zürcher Innenstadt.
Arni hat in den letzten Jahren viele Neuzuzüger erhalten, welche die ländliche Wohnlage am Rand einer grünen Hochebene, umgeben von Wäldern und Wiesen schätzen. Wer die Natur liebt, ist hier richtig, denn die Natur in der unmittelbaren Umgebung Arnis bietet viele Ausflugs- und Wandermöglichkeiten. Ein beliebter Spaziergang führt über Islisberg nach Bonstetten im zürcherischen Isenbachtal. Das Postauto, das von Birmensdorf nach Oberlunkhofen fährt, hält zweimal in Arni – im Stockacker und im Dorf. Wer es eilig hat, steigt beim Stockacker aus, wo unsere Wanderung beginnt. Von der Bushaltestelle zweigen wir links in den Voräckerweg ab, der schon nach wenigen Schritten in die Gjuchstrasse mündet. Auf dieser spazieren wir zunächst Richtung Süden. Doch aufgepasst: Die Abzweigung links auf den Feldweg ist nicht gut markiert. Falls wir zu den kuriosen Erdhäusern an der Gjuchstrasse

Die S15 fährt von Rapperswil über Wetzikon, Zürich und Bonstetten bis Affoltern am Albis.

kommen, sind wir schon zu weit. Der richtige Weg steigt leicht an und führt zum Waldrand. Wir durchqueren das Rägglihoiz nur kurz, bei der nächsten Lichtung nehmen wir die Abzweigung links, die weiter bergauf, zunächst dem Waldrand entlang, später über Felder zum Dorf Islisberg führt. Das kleine, bei jungen Familien beliebte Wohngebiet weist einen herrlichen Ausblick bis zu den Zentralschweizer Alpen mit Rigi und Pilatus auf.
Die Reformationswirren im 18. Jahrhundert gingen nicht spurlos an dem kleinen Dorf vorbei. Zweimal änderten die Einwohner von Islisberg mitten im Kampfgebiet den Glauben – zunächst katholisch, dann protestantisch und schliesslich wieder katholisch. Von 1798 bis 1803 gehörte Islisberg dem kurzlebigen Kanton Baden der Helvetischen Republik an. Nach der Auflösung des Kantons wurde das Kelleramt dem Kanton Aargau zugeschlagen, zu welchem die Gemeinde noch heute gehört.
Unsere Aufmerksamkeit gilt den gelben Wegweisern, denn wir müssen den richtigen Pfad für den Abstieg ins Isenbachtal finden. Dieser führt nun über die Wiesen der Dornmatt und den bewaldeten Fluechhaugraben auf den weiten Talboden zwischen Bonstetten und Wettswil. Der Bahnhof liegt genau dazwischen, ein Bus bringt die Einwohner der beiden Orte in ihre Wohngebiete. Die Bahn-Linie (die S15 fährt nach Affoltern am Albis, die S9 weiter bis Zug) wird von den Zügen des Zürcher Verkehrsverbundes (ZVV) bedient. Bonstetten ist ein junges Dorf. Von den 5000 Einwohnern gehen noch rund 700 zur Schule. Weitere sind in der Ausbildung oder gerade erst ins Berufsleben eingestiegen. Der überwiegende Teil der Bevölkerung pendelt zur Arbeit ins nahe Zürich, das mit der S-Bahn in wenigen Minuten erreicht wird.

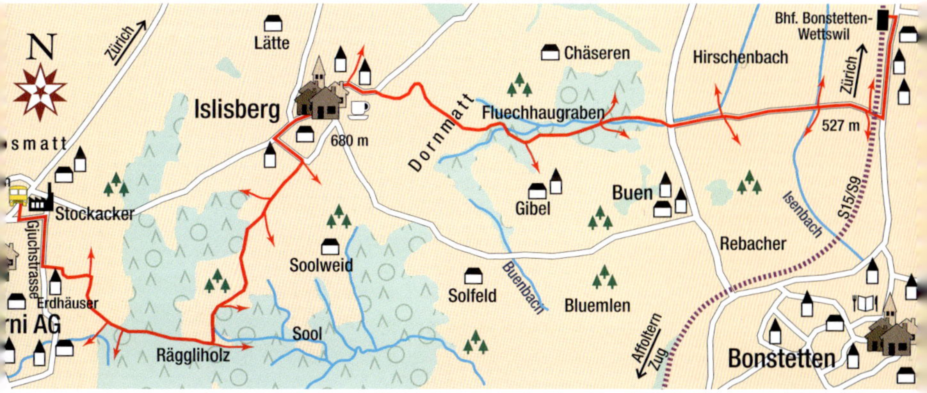

Auf dem Ämtlerweg

22 Infotafeln säumen den 46 Kilometer langen Ämtlerweg, der von Knonau über Obfelden, Wettswil, den Türlersee, Hausen am Albis, Kappel und Rifferswil wieder zurück nach Knonau führt. Wir begnügen uns auf unserem heutigen Nachmittags-Ausflug mit dem Teilstück von Knonau nach Obfelden – ein ländliches Zürich im Säuliamt, wie man es gern hat.

ZVV EIN TICKET FÜR ALLES

Anreise: Vom Hauptbahnhof in Zürich fährt alle 30 Minuten die S9 direkt nach Knonau.

Rückreise: Von der Haltestelle Rickenbach mit dem Bus nach Affoltern am Albis, wo Anschluss an die S9/S15 nach Zürich besteht.

Unsere Route: Knonau – Haselbach – Boll – Maschwanden – Hinterfeld – Lorzenspitz – Rickenbach

Landeskarte der Schweiz 1:25 000, Blatt 1111 «Albis» oder Wanderkarte 1:50 000, Blatt 225T «Zürich»

Für das Ämtlerweg-Teilstück von Knonau nach Rickenbach benötigen wir 2 h 15 min

Leicht – meist ebene Wanderung auf breiten Forst- und Feldwegen, wenig Hartbelag – im Bollwald leicht bergauf und bergab

www.knonau.ch
Tel. 044 768 50 50
Tel. ZVV 0848 988 988
contact@zvv.ch

Mehrere Tafeln informieren auf dem 46 km langen Ämtlerweg über Natur und Geschichte.

Mitte: Zusammenfluss von Lorze und Reuss
Unten: Das Schloss Knonau ist in Privatbesitz.

Fotos: Philline Cruz

Maschwanden ist ein kleines, idyllisches Dorf im südwestlichsten Zipfel des Kantons Zürich. Der Ort ist weitgehend vom Bauboom der 1960er-Jahre verschont geblieben.

Ein Schloss und prächtige Fachwerkbauten

Kulturdenkmäler, ein überwältigender Blick bis zu den Alpen, wunderschöne Landschaften und Naturschutzgebiete, Dörfer mit schmucken Fachwerkhäusern – gäbe es den Ämtlerweg noch nicht, müsste man ihn neu erfinden. Viele Stadtzürcher kennen das Bündnerland oder den Flumserberg besser als das Säuliamt, das sozusagen vor ihrer Haustür liegt. Weil es keine Marketingbudgets für die Bewerbung der Naherholungsgebiete gibt, bleiben diese Schmuckstücke oft Geheimtipps, die über die Mund-zu-Mund-Propaganda weiterempfohlen werden.
Lediglich 35 Minuten benötigt die S9 für die Strecke vom Stadtzentrum in Zürich nach Knonau. Vom Bahnhof spazieren wir zunächst dorfeinwärts und unternehmen einen kurzen Abstecher zum Schloss, bevor wir beim Haselbach nach Westen abzweigen. Die Einfahrt zum Schloss, einst Vorbild für viele Landvogteisitze, wird von mächtigen Platanen gesäumt. Besichtigt werden können das stattliche Gebäude, die Orangerie und der Park leider nicht, weil sie sich in Privatbesitz befinden. Es finden jedoch in unregelmässigen Abständen Antiquitäten-Verkaufsausstellungen im Schlosspark statt. Infos: www.schloss-knonau.ch
Wir verlassen Knonau und wandern auf unserem ersten Teilstück parallel zum Haselbach. Erst der Bollwald bringt uns weg vom

Wasser; an heissen Sommertagen sind wir froh über die angenehmen Temperaturen unter dem Blätterdach. Wer nach Sonne dürstet, muss nicht lange warten, denn schon bald spazieren wir wieder entlang von Wiesen bis nach Maschwanden. Durch das kleine Dorf windet sich in mehreren Schlaufen der Haselbach, als wenn die Zeit vor 150 Jahren stehen geblieben wäre – in einer Zeit, als die Bäche noch nicht schnurgerade kanalisiert oder in den Untergrund verbannt durch die Dörfer plätscherten. Zu einem ländlichen Dorf gehören auch prächtige Riegelbauten – von denen gibt es eine ganze Reihe, zum Beispiel das Gemeindehaus, das Restaurant Zum Kreuz oder die ehemalige Zentenscheune. Wir verlassen Maschwanden in nördlicher Richtung, zweigen auf dem Hinterfeld links ab und gelangen zum Lorzenspitz, wo die Zuger Lorze in die Reuss mündet. Weil Obfelden nicht besonders sehenswert ist, folgen wir nun dem Uferweg an der Reuss und machen kurz Halt an zwei Tafeln des Ämtlerwegs, bevor wir uns kurz vor Rickenbach vom Wasser verabschieden und bei der Bushaltestelle unseren Nachmittags-Ausflug beenden.

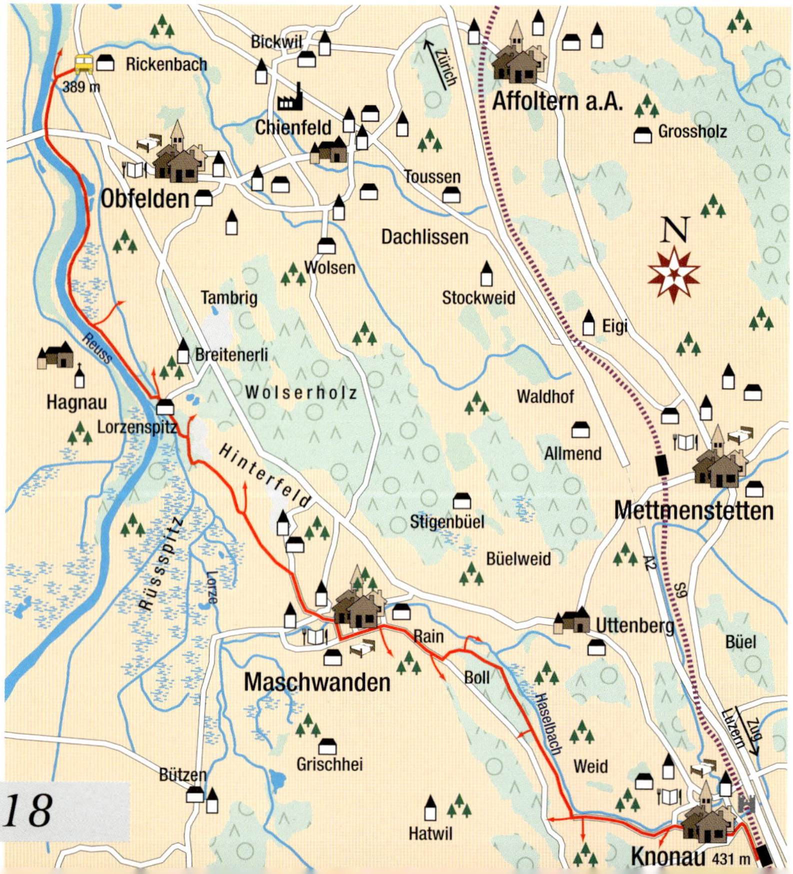

Restaurant Zum Kreuz in Maschwanden. Wie wär's mit geräuchertem Bio-Forellenfilet auf Salatbeet, Artischocken und Johannisbeer-Meerrettichschaum?

Albiskette/Säuliamt:
Felsenegg – Albispass – Obertal

4

Links und rechts vom Grat

Adliswil ist eine pulsierende Zürcher Vorortsgemeinde im Sihltal. Hoch oben auf dem Grat der Felsenegg nimmt das Leben einen beschaulicheren Verlauf. Sanft gewellte Hügel auf der Westseite, schroff abfallende Wälder auf der Ostseite, dazwischen ein breiter und leicht zu begehender Gratweg, der selbst mit einem Kinderwagen-Buggy bis Oberalbis zu meistern ist.

Anreise: Von Zürich mit der S4 Richtung Sihlwald bis Adliswil, kurzer Fussmarsch von ca. 10 min zur Talstation der Luftseilbahn

Rückreise: Von der Bushaltestelle Aeugstertal-Landhaus via Aeugstertal-Kloster (umsteigen) nach Wiedikon, weiter mit der S8 nach Zürich

Unsere Route: Felsenegg – Buechenegg – Reifholz – Albispass – Chnübrechi – Habersaat – Obertal

Landeskarte der Schweiz 1:25 000, Blatt 1111 «Albis» oder Wanderkarte 1:50 000, Blatt 225T «Zürich»

Wir benötigen von der Felsenegg zum Albispass rund 1 h 30 min, weitere 35 min bis Obertal

Leicht – guter und breiter Weg, auch für Senioren und Kinderwagen – häufiges, aber geringes Auf und Ab

www.laf.ch
Tel. 044 710 73 30
Tel. ZVV 0848 988 988
contact@zvv.ch

Ein breiter, bequem zu begehender Wanderweg führt dem Waldrand entlang.

Oben: Blick vom Albispass auf den Zürichsee
Unten: Die neue Luftseilbahn zur Felsenegg

Fotos: Ronald Gohl

Gleich zwei Restaurants laden auf der Buechenegg zu Speis und Trank ein. Am Waldrand entdecken wir aber auch lauschige Picknickplätze und Feuerstellen.

Zwischen Zürichsee und Zentralschweiz

Der Reppischbach zwischen dem Türlersee und der Mündung in die Limmat gilt als eines der ökologisch wertvollsten Fliessgewässer im Kanton Zürich. Vielerorts konnte der Bach seinen mäandrierenden, natürlichen Lauf bewahren, was heute in der Schweiz selten geworden ist. Nicht Naturschützer sondern das landwirtschaftlich wenig produktive, an die Reppisch angrenzende Gelände hat dafür gesorgt. Mit den zahlreichen Seitenbächen wird eine durch Ried- und Magerwiesen vernetzte Naturoase gebildet.
Rund 250 Meter über dem Reppischtal steigen wir aus der Kabine der Luftseilbahn Adliswil–Felsenegg LAF und spazieren zunächst über einen etwas wurzligen Weg zum Restaurant Felsenegg hinunter. Hier wird uns ein erster Blick nach Osten zum Zürichsee, nach Westen ins Reppischtal und bis weit ins Aargauische hinein geboten. Die Panoramaterrasse des Gasthauses lädt zum Lunch ein. Vielleicht gestalten wir unseren Nachmittagsausflug so, dass wir kurz nach dem Mittag auf der Felsenegg eintreffen.
Nach dem Essen spazieren wir auf dem bequemen Kiessträsschen Richtung Süden, mal durch den Wald, dann wieder am Waldrand; dabei laben wir uns an dem wunderschönen Panoramablick in die Zentralschweiz. Auf den kleinen Tafeln am Wurzelwerk der Bäume erfahren wir, wie die Waldgenossen heissen: Die Bergulme, der

4

Mehlbeerbaum, die Stieleiche oder die Rote Heckenkirsche sind hier heimisch. Wenn wir uns im Gasthaus Felsenegg noch nicht gestärkt haben, wird spätestens auf der Buechenegg eine Einkehr fällig. Zwei Restaurants mit zwei Sonnenterrassen laden zu kühlen Getränken und feinen Coups ein. Danach erklimmen wir eine kleine Anhöhe und spazieren weiter auf dem Kamm der Albiskette gegen Süden. Beim einsam gelegenen Müslihof mündet unser Weg wieder ins Fahrsträsschen und im Reifholz gilt es die Richtung zur Albispasshöhe beizubehalten. Zahlreiche Wegweiser helfen uns dabei.

Wer nach knapp eineinhalb Stunden schon müde ist, wartet bei der Haltestelle Passhöhe Oberalbis aufs Postauto. Weil's so schön ist, hängen die meisten Wandergesellen noch den Abstieg ins Reppischtal ans Nachmittagsprogramm. Dazu gehen wir zunächst kurz auf dem Trottoir der Passstrasse und biegen weiter unten rechts in die Kniebrechestrasse ein. Ohje, denkt der eine oder andere. Doch die 124 Höhenmeter sind weniger steil, wie angekündigt. Bei Habersaat erreichen wir den Talboden. Die Bushaltestelle befindet sich in Obertal.

Max und Moritz heisst das Thema im Restaurant Chnusperhüsli auf der Buechenegg.

Knorriger alter Baumbestand, der sich stellenweise gegen den Zürichsee lichtet

tipp:

Bezaubernder Türlersee

Am Fuss vom Albispass liegt in eine romantische Wald- und Hügellandschaft eingebettet der Türlersee. Der Rundweg am Wasser, ein von der Stadt Zürich gut zu erreichendes Naherholungsgebiet, gilt vor allem unter der Woche als ruhiges und erholsames Ausflugsziel. Die artenreichen Trockenwiesen, Flach- und Hangmoore stehen seit 1944 unter Naturschutz. Entstanden ist der Türlersee vor ungefähr 10 000 Jahren am Ende der letzten Eiszeit. Nachdem sich die Gletscher in die Alpen zurückgezogen hatten, verlor der aus Molasse bestehende Berghang seinen Halt. In der Folge donnerten rund 60 Millionen Kubikmeter Gestein und Schutt vom Aeugsterberg und stauten den Reppischbach zum heute 1400 m langen und 500 m breiten Türlersee. Am Ostufer des Sees lädt eine nett gelegene Badeanstalt zum Schwimmen und Sonnen ein. Günstiger und naturnaher geht's entlang dem Wanderweg rund um den See. Hier ist das Bad kostenlos und einige Holzstege bieten ebenfalls ein sonniges Plätzchen. An heissen Sommersonntagen verliert der See jedoch viel von seiner Idylle, wenn sich Hunderte Badegäste im Wasser tummeln.

Albiskette/Säuliamt:
Albispass – Ebertswil **5**

Hochwacht und Albishorn

So mancher verknüpft Jugenderinnerungen mit einem Ausflug zur Hochwacht. Ob mit der Familie oder mit der Schule – die Hochwacht (878 m) und das Albishorn (909 m) gelten noch heute als beliebtes Wanderziel. Seit der Jugendzeit hat sich allerdings einiges verändert. So gehört der Sihlwald heute zum Wildnispark, wo die Bäume stehen und liegen gelassen werden.

ZVV EIN TICKET FÜR ALLES

Anreise: Von Zürich mit der S8 nach Thalwil, dort steigen wir ins Postauto Richtung Hausen am Albis. Unser Ziel ist die Haltestelle Oberalbis-Passhöhe.

Rückreise: Von der Post in Ebertswil über Hausen am Albis (umsteigen) mit dem Postauto nach Langnau-Gattikon. Von dort mit der S4 zurück nach Zürich.

Unsere Route: Oberalbis – Hochwacht – Schnabellücke – Albishorn – Ober Albis – Husertal – Ebertswil

Landeskarte der Schweiz 1:25 000, Blatt 1111 «Albis» oder Wanderkarte 1:50 000, Blatt 225T «Zürich»

Wir benötigen vom Albispass bis Ebertswil knapp 3 h – Pausen nicht eingerechnet.

Mittelschwer – teilweise über Stock und Stein, nur mit guten Schuhen – 199 m bergauf, 365 m bergab

www.wildnispark.ch
Tel. 044 722 55 22
Tel. ZVV 0848 988 988
contact@zvv.ch

Besteigung des Hochwachtturms – der Blick über dem Blätterdach ist grandios.

Mitte: Nur ein Dutzend Häuser in Ober Albis
Unten: Vielstufige Wendeltreppe im Turm

Fotos: Lukas Fischer, Ronald Gohl

Schon auf den ersten hundert Metern nach dem Albispass lohnt sich der Blick zurück auf das untere Zürichseebecken.

Dem Rhythmus der Natur folgen

Oben am Waldrand und nur wenige Schritte von der Albispasshöhe entfernt, beginnt der Wildnispark. Ein kurzer Blick zurück und wir verabschieden uns von Einfamilienhäusern, Äckern und Strassen. Vor uns liegen 2300 Hektaren Urwald, so gross wie ein Viertel der Stadtfläche von Zürich. Der Besuch im Wildnispark ist zu jeder Jahreszeit ein Genuss – vor allem Naturliebhaber nutzen den Rhythmus der Natur für Entdeckungen. Inmitten des Ballungsraums Zürich, Zug und Luzern wird eine Oase, bestehend aus Wildnis, Wald und Tieren geboten.
Wir steigen am Waldrand 87 Höhenmeter zur Hochwacht auf. Nachdem wir das steilste Stück hinter uns haben, marschieren wir auf einem Waldweg weiter südostwärts. Unvermittelt taucht der hölzerne Hochwachtturm vor uns auf. Wer nicht zu Schwindel neigt, besteigt die vielstufige Wendeltreppe und geniesst einen umfassenden Rundblick vom 33 Meter hohen Turm. Im Mittelalter war hier ein schweizweites Hochwachtensystem eingerichtet, von dem aus Nachrichten mittels optischen Signalen, Rauch oder Feuer zu den benachbarten Türmen übermittelt wurden.
«Auf dem Moosteppich und unter dem Blätterdach» heisst die Devise für den nun folgenden Abschnitt über den Albisgrat. Der Weg wird schmaler, wilder und wir steigen als Erstes zur Schnabel-

lücke ab. Von der Schnabelburg sind leider nur noch Mauerreste zu sehen. An diesem unscheinbaren Ort wurde aber Geschichte geschrieben: Die Söhne des Burgherrn Berchtold III. von Eschenbach beteiligten sich an der Ermordung Alberts I., König von Habsburg. Als Rache für den Königsmord belagerten und zerstörten die Habsburger im August 1309 die Schnabelburg. Beide Berchtold-Söhne entkamen dem Gemetzel, sie tauchten später wieder in verschiedenen Urkunden auf.

Es folgt nun ein sehr steiler Aufstieg von 112 Höhenmetern bis zum Gipfel des Bürglen, mit 915 m ü. M. der höchste Punkt unserer Wanderung. Das benachbarte Albishorn ist zwar bekannter, aber sechs Meter weniger hoch. Dafür stossen wir ganz überraschend auf ein Bergbeizli, das nur zu Fuss zu erreichen ist. Nach knapp zwei Stunden Wanderzeit können wir uns nun auf das letzte Teilstück, den Abstieg über Ober Albis (nicht zu verwechseln mit Oberalbis am Albispass) und Husertal nach Ebertswil freuen. Bei klarem Wetter geniessen wir dabei den Blick auf die Rigi, den Pilatus, Zugersee und Vierwaldstättersee. In Ebertswil beachten wir, dass das ZVV-Ticket für die Rückfahrt nur via Hausen am Albis – und nicht über Baar im Kanton Zug – gültig ist.

Links: Blick vom Hochwachtturm über den Albisgrat und Sihlwald Richtung Zürich
Rechts: Romantischer Hauseingang im abgelegenen Weiler Ober Albis

Der hölzerne Aussichtsturm auf der Hochwacht wurde im Jahre 1978 erbaut.

tipp:

Wildnispark Zürich

Die Zeiten ändern sich: Einst wurde der Sihlwald, welcher der Stadt Zürich gehört, intensiv bewirtschaftet. In den letzten zwei Jahrzehnten lohnte sich dies immer weniger. Der Aufwand stand in keinem Verhältnis zum Ertrag. Zum Glück, dachten die Naturschützer, denn so konnte sich der Sihlwald zur grössten Schweizer Wildnis wandeln. Im Jahr 2000 wurde die Waldpflege im gesamten Perimeter eingestellt. Ein Jahr später erfolgte die Eröffnung des Naturzentrums Sihlwald mit seinen Aussen- und Innenausstellungen. Mit einem überwälti-

genden Mehr von 89,6 % nahmen die Zürcher an einer Volksabstimmung die Schutzverordnung zum Wildnispark Zürich an. Im August 2009 folgte schliesslich die Anerkennung des Wildnisparks Zürich-Sihlwald als Naturerlebnispark von nationaler Bedeutung. Die Stiftung Wildnispark bietet ein spannendes Rahmenprogramm mit edukativen Ausstellungen für die ganze Familie, Führungen, Events u.v.m. Infos: www.wildnispark.ch

Albiskette:
Sihlwald – Sihlau

6

Unberührte Natur am Fluss

Gerade mal 25 Minuten dauert die Fahrt vom Hauptbahnhof Zürich bis zur Endstation Sihlwald. Wer von Winterthur kommt, schafft die gleiche Strecke in 51 Minuten. Unsere Wanderung entlang der Sihl bietet vom ersten bis zum letzten Schritt ein ungetrübtes Naturerlebnis – und dies nur wenige Minuten vor den Toren der turbulenten und grössten Schweizer Stadt.

ZVV EIN TICKET FÜR ALLES

Anreise: Stündlich mit der S4 Zürich–Sihlwald bis zur Endstation

Rückreise: Halbstündlich vom Bahnhof Sihlau mit der S4 direkt nach Zürich

Unsere Route: Sihlwald – Besucherzentrum – Rütiboden – Gattikon – Sihlweg – Sihlau

Landeskarte der Schweiz 1:25 000, Blatt 1111 «Albis» oder Wanderkarte 1:50 000, Blatt 225T «Zürich»

Unsere Wanderung entlang der Sihl dauert 2 h 15 min. Auf der Hälfte des Weges könnten wir in Langnau-Gattikon wieder in die S4 einsteigen.

Leicht – wunderschöner Naturweg am Wasser mit vielen Ruhebänken, kein Höhenunterschied

www.wildnispark.ch
Tel. 044 722 55 22
Tel. ZVV 0848 988 988
contact@zvv.ch

Moderner Doppelstockzug der Sihltalbahn S4 mit Lok Re 456 551-1

Oben: Umgenutzte Fabriken bei Sihlau
Unten: Amphibien-Lehrpfad entlang der Sihl

Fotos: Philipp Cruz, SZU

An vielen Stellen folgt unser Wanderweg unmittelbar dem Flussufer, links und rechts dichte Wälder – für Naturliebhaber ein Hochgenuss.

Wo sind die Gelbbauchunken?

Dem Menschen sein individueller Fingerabdruck, der Gelbbauchunke ihre einzigartige Zeichnung auf dem Bauch. Menschen nähern sich der gefährdeten Amphibienart besser nicht. Bei Gefahr macht die Unke ein hohles Kreuz und zeigt als Warnung ihre gelben Punkte auf dem Bauch. Zudem stösst sie ein übel riechendes Sekret aus, das auch bei Menschen die Schleimhäute reizt und den «Unkenschnupfen» auslösen kann. Dies und einiges mehr erfahren wir im Besucherzentrum Sihlwald und entlang unseres Weges an der Sihl.

Vom Bahnhof in Sihlwald, Endstation der S4, marschieren wir zunächst auf der Strasse ein kurzes Stück flussaufwärts und überqueren die Sihl. Am Ende der Brücke beginnt links unser Naturweg und wir geniessen auf Schritt und Tritt den Pfad am Wasser und die natürlichen Sandbänke am Ufer. Die erste Holzbrücke lässt nicht lange auf sich warten, ein Abstecher ins Besucherzentrum des Wildnisparks gehört eigentlich zum Pflichtprogramm. Dieses ist von Dienstag bis Samstag 12.00 bis17.30 Uhr, Sonntag und allgemeine Feiertage 9.00 bis17.30 Uhr geöffnet. «Vom Urwald zum Nutzwald und zurück», heisst eine Ausstellung, bei der wir mehr über den heutigen Wildnispark erfahren.

Die ungiftigen Ringelnattern fühlen sich genauso wohl an der Sihl

tipp:

Rudolf Steiner Schule

Unmittelbar hinter dem Bahnhof Sihlau, eigentlich direkt an unserem Weg von der Brücke zum Bahnhof, entdecken wir einen in die Natur eingebetteten Holz- und Backsteinbau. «Rudolf Steiner Schule Sihlau» lesen wir auf einer Skulptur beim Eingang. Wie gut es diese Kinder haben – nicht nur die intakte Umgebung direkt an der Sihl. In der Rudolf Steiner Schule wird ihre individuelle Entwicklung gefördert. Die Fähigkeiten im Kind entdecken und dieses in seiner Art und seinem Wesen stark machen: Die Pädagogik von Rudolf Steiner

(1861-1925) bietet staatlich anerkannte Bildungsgänge mit Anschluss an weiterbildende Schulen. Die Gesamtschule mit Kinderhort, Mittagstisch, Eltern-Kind-Gruppe, Spielgruppe, Kindergarten, Unter-, Mittel- und Oberstufe wird hier samt Atelierschule tagtäglich gelebt. Spielen, Lernen, Denken und Handeln heisst dabei das lebhafte Motto.

Infos: www.steiner-schule.ch

Nach der ersten Flussbiegung nördlich von Sihlwald werfen wir einen Blick zurück auf die Stromschnellen.

Im Besucherzentrum Sihlwald erfahren wir mehr über die Waldwildnis.

wie die Gelbbauchunken. Wer vernimmt ihren wohlklingenden «Uh-Uh»-Gesang, mit dem die Männchen die Weibchen ans Wasser locken? Vom Besucherzentrum überqueren wir wieder die Holzbrücke und folgen nun dem Wanderweg Richtung Norden. Je nach Jahreszeit hat die Sihl mal mehr oder weniger Wasser. Der Fluss entspringt am Schwyzer Drusberg, durchfliesst bei Einsiedeln den Sihlsee, der 1937 zur Energiegewinnung angelegt wurde, und erreicht im Leimbachquartier die Stadt Zürich. Am Platzspitz bei der Limmat fliesst die Sihl nach 68 Kilometern schliesslich in die Limmat.

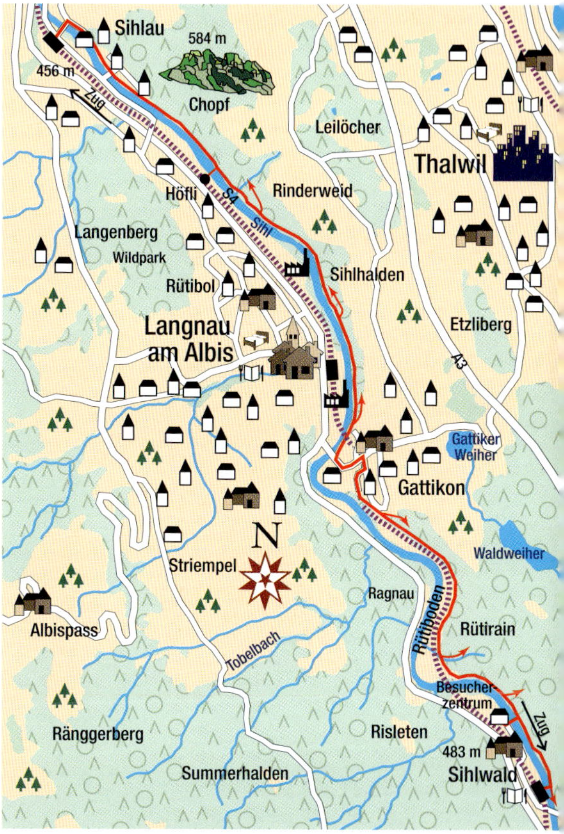

Bei Rütiboden gesellt sich das Trassee der Sihltalbahn zu unserem Wanderweg. Am 3. August 1892 fuhr erstmals ein Dampfzug durchs Sihltal, 1990 ist die S4 ins Netz des ZVV integriert worden. Die modernen roten Doppelstockzüge haben wir bereits bei unserer Anreise nach Sihlwald kennengelernt. Vor Gattikon verschwindet die eingleisige Bahnlinie in einem Tunnel. Wir spazieren auf Hartbelag durch die Quartiere der Vorortsgemeinde bis wir wieder das Ufer der Sihl erreichen (Wanderwegweiser beachten). Die Sihltalbahn überquert den Fluss, wir bleiben am Ostufer und setzen unsere Wanderung Richtung Zürich fort. Viel Natur auf unserer Seite, Stromschnellen in der Sihl und eine abwechslungsreiche Aussicht auf die Albiskette zeichnen unseren weiteren Weg bis Sihlau aus. Am Ziel angekommen, überqueren wir den Fluss und warten am Bahnhof auf die S4.

Zürcher Urwald

Vor den Toren der Stadt Zürich wächst auf einer 1000 Hektaren grossen Fläche allmählich ein Urwald mit umgestürzten, vermodernden Baumstämmen und nachwachsendem Jungwald heran. Auf gut unterhaltenen Wegen können die Besucher im Wildnispark Zürich die Natur erkunden und die Stille geniessen.

ZVV EIN TICKET FÜR ALLES

Anreise: Mit der S4 (SZU) von Zürich Hauptbahnhof bis Sihlwald. Wer zum Langenberg will, steigt schon bei der Station Wildpark-Höfli aus.

Rückreise: Auf dem gleichen Weg zurück

Auf Wanderwegen wie dem Walderlebnispfad, dem Fenster zur Wildnis, zum Hochwachtturm im Sihlwald erkunden wir den Wildnispark.

Landeskarte der Schweiz 1:25 000, Blatt 1111 «Albis» oder ZAW-Wanderkarte 1:25 000, Nr. 4 «Zürich»

Die Rundwanderung «Walderlebnispfad» dauert 1 h 30 min und beginnt beim Besucherzentrum.

Mittelschwer – steiler Auf- und Abstieg im Hasenrain, teilweise auf schmalem Naturpfad – 99 m bergauf und bergab

www.wildnispark.ch
Tel. 044 722 55 22
Tel. ZVV 0848 988 988
contact@zvv.ch

Hochmoorlichtung im Langmoos (oben), das wir über den Erlebnispfad (unten) erreichen.

Geführte Exkursion in den Urwald im Wildnispark, der sich selber überlassen bleibt.

Fotos: Wildnispark Zürich, Philipp Cruz

Seit dem Jahr 2000 verzichtete die Stadt Zürich auf jegliche Eingriffe, so dass sich der Sihlwald nach und nach zu einem Urwald entwickelt.

Leben im Rhythmus der Natur

Das Bundesamt für Umwelt (BAFU) hat dem Sihlwald das Label «Naturerlebnispark – Park von nationaler Bedeutung» erteilt. Dieser Erfolg ist das Resultat einer langjährigen Pionierarbeit von Stadt und Kanton Zürich, den Gemeinden des Bezirks Horgen sowie Pro Natura Zürich. Seit Januar 2009 sind regelmässig Ranger des Wildnisparks Zürich im Sihlwald unterwegs. Sie kennen jeden Winkel im Sihlwald und können die Wanderer und Spaziergänger informieren und beraten.
Den Bahnhof Sihlwald, Ausgangspunkt unserer Rundwanderung «Walderlebnispfad», erreichen wir von der Stadt Zürich aus bequem mit dem öffentlichen Verkehrsmittel. Die roten Doppelstockzüge verkehren im Stundentakt und im Sommer gibt's zusätzliche Verbindungen via Horgen (S8 und Bus). Nachdem wir den Zug verlassen haben, wenden wir uns zunächst nach Süden und überqueren die Sihl. Schon nach wenigen Schritten verlassen wir das Strässchen und steigen links den Wald hinauf zu den Dachslöchern. Dabei handelt es sich nicht mehr um reale Dachsbauten, sondern vielmehr um eine alte Flurbezeichnung. Nachdem wir knapp hundert Meter aufgestiegen sind und bereits vier Walderlebnispfadstationen passiert haben, biegen wir rechts in den Langmoos-Steg ein. Er bringt uns auf einem Rundgang zu einer

idyllischen Lichtung – dem Langmoos. Das Hochmoor liegt in völliger Waldeinsamkeit nur wenige Kilometer vom Zürcher Stadtzentrum entfernt. Der heikle Boden ist trittempfindlich, deshalb führt kein Weg ins Moor hinein.
Auf dem Holzsteg geht's nun durch den Moorwald, vorbei an glitzerndem Wasser, umgestürzten Baumstämmen und geheimnisvollen Moospolstern zurück zum Walderlebnispfad. Das Totholz, das am Boden vermodert, bietet vielen Tieren und Pflanzen einen Lebensraum. Geheimnisvolle Waldbilder, wie wir sie aus der übrigen Schweiz nicht kennen, entstehen.
Auf dem Walderlebnispfad, welcher nun durch den Hasenrain und weiter zur Sihlfluh führt, erleben wir ganz neue Facetten der Natur. Interessant auch für Kinder: Die Wanderung führt vom Baum-Telefon zur Waldweitsprunganlage und auf dem Waldxylophon entstehen eigenartige Klänge. Wir erfahren auch, was ein einzelner Baum in seinem langen Leben alles durchgemacht hat.
Am Schluss unserer Wanderung steht das Besucherzentrum auf dem Programm. Hier erhalten wir in der Dauerausstellung «Vom Nutzwald zum Naturwald» und in den Wechselausstellungen viele Hintergrundinformationen. Im Besucherzentrum können wir einen Kaffee geniessen und im Shop Bücher und Souvenirs kaufen. Ausserdem erhalten wir Tipps für unseren nächsten Besuch. Während der Saison werden verschiedene Veranstaltungen geboten – vom Sihlwaldkino bis zum Dampfzug mit Samichlausbegegnung im Sihlwald. Auch ein bunter Strauss an Kursen wird organisiert.

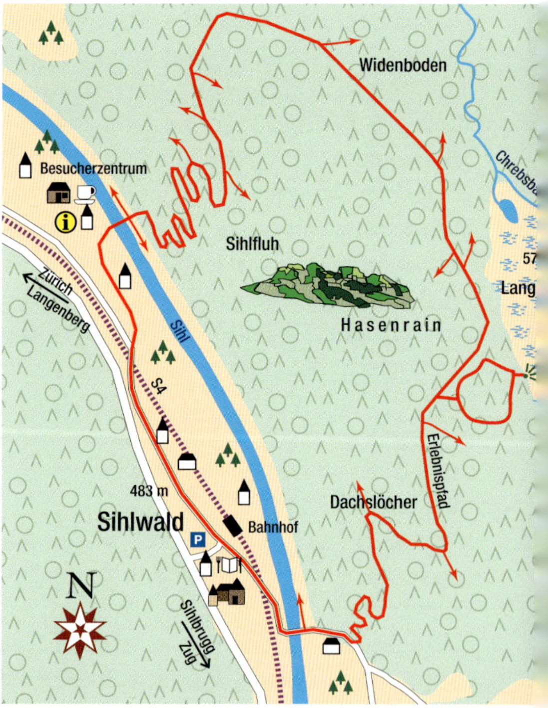

Wildschwein und Luchs im Langenberg (links), Urwald im Sihlwald (rechts)

tipp:

Langenberg

Von der Haltestelle Wildpark-Höfli folgen wir den Wegweisern und erreichen nach einem 20-minütigen Spaziergang den Langenberg.
Der Tierpark, eingebettet in die Landschaft der Albiskette, gehört zur Gruppe wissenschaftlich geführter Zoos und Wildparks der Schweiz. Er konzentriert sich ausschliesslich auf Wildtiere, die in der Schweiz vorkommen oder früher hier beheimatet waren. Besonderes Gewicht wird auf die artgemässe Haltung der Tiere gelegt. Manchmal braucht es etwas Geduld, um die Tiere in ihrer natürlichen Umgebung beobachten zu können.
Murmeltier, Feldhase, Wildkatze, Fuchs, Luchs, Wolf oder Bär leben nach ihrem eigenen Rhythmus. Der Langenberg ist während 365 Tagen im Jahr rund um die Uhr geöffnet. Einzelne Anlagen sind während der Nacht geschlossen. Hunde an der Leine sind erlaubt. Der Eintritt ist frei. Infos: www.wildnispark.ch

Wie in freier Wildbahn

Hoch über den Dächern der Stadt erhebt sich auf dem Zürichberg das Afrikanische Gebirge, durch welches Nubische Steinböcke, Dscheladas und Klippschliefer streifen. Nur wenige Schritte weiter schleicht ein majestätischer Amurtiger durch seine naturnah gestaltete Anlage. Weltweit soll es gerademal noch 250 Exemplare dieser prächtigen Raubkatze geben.

ZVV EIN TICKET FÜR ALLES

Anreise: Beim Hauptbahnhof Zürich steigen wir ins Tram der Linie 6, das uns bis zur Endstation Zoo bringt.

Rückreise: Auf dem gleichen Weg zurück

Im Nordosten der Stadt, umgeben von Wäldern, liegt auf dem Zürichberg der Zoo Zürich.

365 Tage im Jahr offen. Von März bis Oktober 9.00-18.00 Uhr, von November bis Februar 9.00-17.00. Der Masoala Regenwald öffnet immer um 10.00 Uhr.

Der Zoobesuch ist nachmittagsfüllend. Mehr als das: Wir entdecken immer wieder Neues, Interessantes, so dass sich mehrmalige Besuche lohnen.

Nebst Picknickplätzen finden die Zoo-Besucher auch vier Restaurants an verschiedenen Orten.

Zoo Zürich
Zürichbergstrasse 121
Tel. 0848 966 983
www.zoo.ch

Ab November, bei weniger als 10 Grad, unternehmen die Pinguine einen Spaziergang.

Mitte: Ein Zoo-Apero hoch über der Stadt
Unten: Majestätische Tiger beobachten

Fotos: Zoo Zürich

Im tropischen Masoala Regenwald des Zoos vergessen wir rasch, dass wir uns eigentlich in einer Halle befinden – unverhofft kommt es plötzlich zu Tierbegegnungen.

Der Zoo als Naturschutzzentrum

In der Himalaya-Anlage, wo auch der «Zürcher» Amurtiger zu Hause ist, leben in unmittelbarer Nachbarschaft Kleine Pandas, Mongolische Wölfe und Schneeleoparden. Das Ziel der Anlagen im Zoo Zürich ist, dass sich die Tiere in einer natürlichen Umgebung bewegen können: Bäche, Büsche, Felslandschaften oder Regenwaldpflanzen bilden die Lebensräume der Zootiere. Für den Besucher eine Herausforderung, denn die Tiere präsentieren sich nicht mehr so offensichtlich wie früher. Gut beraten ist, wer nebst Teleobjektiv (sofern vorhanden) auch einen Feldstecher mitnimmt – dabei fühlen wir uns schon fast wie in der freien Wildbahn.
Schon seit mehreren Jahren verfolgt der Zoo Zürich ein Naturschutzkonzept. Der Schutz von Ökosystemen und Arten heissen die Schwerpunkte. Die Tiere im Zoo sind Botschafter ihrer Artgenossen, die in ihrem natürlichen Lebensraum teilweise vom Aussterben bedroht sind. Nicht nur die Tiere, sondern auch die Pflanzen sollen die Besucher für das Naturschutzanliegen sensibilisieren. Dies wird im Masoala Regenwald fühlbar. Selbst wenn es draussen schneit und die Pinguine ihren Nachmittags-Spaziergang unternehmen – im Regenwald vergessen wir, dass wir uns in einer gigantischen Halle befinden und staunen nur noch über die Fülle und Pracht der tropischen Natur.

Am Zürichsee: Hirzel – Wüeribach 9

Zu Hause bei Heidi

Viele kennen das Heididörfli oberhalb von Maienfeld im Bündnerland – was hat aber das kleine Zürcher Dorf Hirzel mit der legendären Romanfigur Heidi gemeinsam? Mehr als man denkt, denn hier wurde die Autorin Johanna Spyri (1827-1901) geboren. Vielleicht reicht die Zeit vor unserer Wanderung für einen Besuch im Johanna-Spyri-Museum.

ZVV EIN TICKET FÜR ALLES

Anreise: Von Zürich mit der S8 nach Horgen, weiter mit dem Postauto bis Hirzel-Kirche

Rückreise: Von Wüeribach mit dem Postauto zurück nach Horgen

Unsere Route: Hirzel – Höhi – Zimmerberg – Chieleren – Widenbach – Simmismoos – Grindel – Bergweiher – Wüeribach

Landeskarte der Schweiz 1:25 000, Blatt 1111 «Albis» oder Wanderkarte 1:50 000, Blatt 225T «Zürich»

1 h 20 min – das ganze Jahr möglich, im Winter werden die Wege und Strassen teilweise gepfadet

Leicht – kaum anstrengende Tour, auch mit Kinderwagen möglich – 69 m bergauf, 151 m bergab

www.zuerichsee.ch
Tel. 0848 811 500
Tel. ZVV 0848 988 988
contact@zvv.ch

Ideal für die Mittagsrast: der Bergweiher mit Sandstrand und natürlichen Ufern

Mitte: Weites Plateau auf dem Horgenberg
Unten: Feuerstellen beim Bergweiher

Fotos: Ronald Gohl

Vom Dorf Hirzel steigen wir zunächst wenige Höhenmeter über Höhi zum Weiler Zimmerberg auf. Den höchsten Punkt erreichen wir auf 765 m ü. M.

Halb Schwimmteich, halb Naturschutzgebiet

Die Schriftstellerin Johanna Spyri verbrachte zwischen 1827 und 1842 eine glückliche Kindheit im ländlichen Bergdorf Hirzel hoch über dem Zürichsee. Damals wälzten sich noch keine endlosen Autokolonnen von der A3 zur A4a. Das Auto war noch gar nicht erfunden und höchstens eine Pferdekutsche wirbelte ausserhalb des Dorfes etwas Staub auf.

Während es zu Johanna Spyris Zeit noch fast eine «Weltreise» von Zürich auf den Hirzel war, können wir heute dank der guten Anbindung an den öffentlichen Verkehr noch rasch an einem Nachmittag auf den Zimmerberg fahren. S-Bahn und Postauto benötigen von Zürich aus lediglich 42 Minuten. Von der vielbefahrenen Strasse bekommen wir nichts mit, denn unser Postauto erreicht Hirzel von Norden und wir steigen gleich am Anfang des Dorfes bei der reformierten Kirche aus.

Das gelbe Wanderwegschild weist uns die Richtung zum Zimmerberg und die kleine Steigung auf der geteerten Strasse bringt niemand ins Schwitzen. Schon nach wenigen Schritten haben wir es geschafft und geniessen das herrliche Panorama zwischen Zuger- und Zürichsee. In einer kleinen Einsattelung liegt der Weiler Höhi. Ein kurzes Stück spazieren wir bergab, dann gilt es zwischen den wenigen Häusern den richtigen Weg, der links abzweigt, zu finden.

9

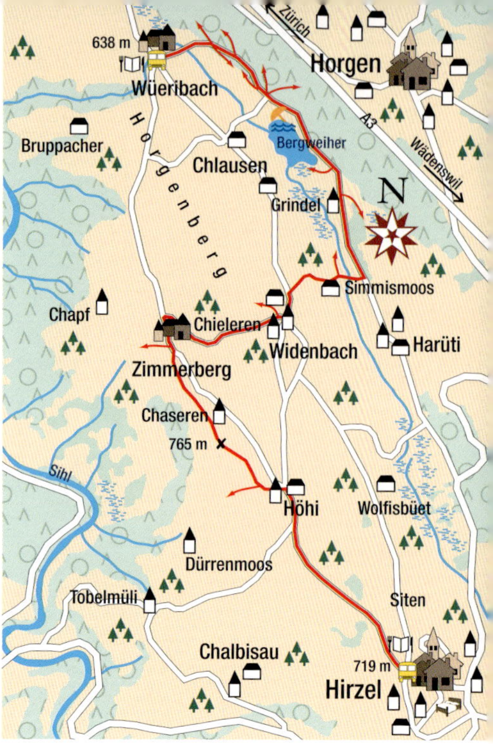

Wir wählen den Kiesweg, der nur kurz aber steil bis zum höchsten Punkt auf dem Zimmerberg (765 m ü. M.) aufsteigt. Danach spazieren wir nur noch bergab, zunächst über den Hof Chaseren zum Weiler Zimmerberg. Hier nehmen wir das Strässchen, das rechts hinunter über Chieleren zum Weiler Widenbach führt. Gleich vier Himmelsrichtung stehen für die Fortsetzung unserer Wanderung zur Auswahl. Wir entscheiden uns für den Norden und zweigen nach wenigen Schritten vom Strässchen ab, um auf einem Feldweg hinunter zum Simmismoos zu gelangen. Die Weite des Hochplateaus auf dem Horgenberg ist ebenso beeindruckend wie das Panorama vom Zimmerberg. Überraschend schön ist auch die Moorlandschaft zwischen Grindel und dem 4,2 Hektaren grossen Bergweiher. Der Teich ist in eine südliche Schutz- und eine nördliche Schwimmzone eingeteilt. Die Riedflächen und das Schilfröhricht bieten Raum für viele in der Schweiz selten gewordene Pflanzen und Tierarten. Verschiedene Orchideen, das breitblättrige Wollgras und der Schwalbenwurzenzian blühen in den ufernahen Gebieten der Schutzzone. Neben dem Teichrohrsänger sind hier auch die ungiftige Ringelnatter, der vom Aussterben bedrohte Violette Silberfalter und zahlreiche Amphibienarten heimisch. Das Schilf und die Riedflächen dürfen nicht betreten werden, weil man die Vögel und Amphibien nicht beim Brüten bzw. Laichen stören darf. Dafür ist das nördliche Ufer für unsere Freizeitbedürfnisse freigegeben: Im Weiher darf gebadet werden, auf der Liegewiese geniessen wir die Sonnenstrahlen oder «bräteln» an den Feuerstellen im Wald die mitgebrachten Würste.

Vom Bergweiher zur Postautohaltestelle Wüeribach ist es nicht mehr weit. Besondere Beachtung verdienen die Wildschweine im Gehege bei der Pferderanch – besonders der riesige Keiler.

Das Johanna-Spyri-Museum finden wir wenige Schritte unterhalb der Kirche.

Panoramaweg mit Weitblick: Im Osten der Zürichsee, im Westen der Zugersee

tipp:

Johanna-Spyri-Museum

Das alte Schulhaus, ein prächtiger Riegelbau aus dem Jahr 1660, beherbergt seit bald 30 Jahren das Johanna-Spyri-Museum. Die kleine Johanna Louise Heusser besuchte bis zu ihrem 15. Lebensjahr die Dorfschule und verbrachte eine glückliche Kindheit im Dorf Hirzel. Später zog sie zu ihrer Tante nach Zürich und heiratete den Juristen Johann Bernhard Spyri. Das Paar gehörte zum engsten Freundeskreis des berühmten Komponisten Richard Wagner. Erst mit 44 Jahren begann Johanna Spyri (1827-1901) zu schreiben. Neun Jahre später

schaffte sie den grossen Durchbruch mit ihrem Roman «Heidi». Sie stellte sich dabei ganz auf die Seite des Kindes, was für damalige Verhältnisse revolutionär war. Das Museum ist jeden Sonntag von 14.00 bis 16.00 Uhr geöffnet (ausgenommen Feiertage und während den Sommerferien).

Weitere Infos:
Johanna-Spyri-Museum
Tel. 044 729 95 66

Am Zürichsee: Wüeribach – Kilchberg

10

Zürichsee-Panoramaweg

Drei Stunden Wanderzeit ist die Obergrenze in einem Nachmittags-Ausflugsführer. Die Nähe zur Stadt und die gute Erreichbarkeit machen es trotzdem möglich. Es erwartet uns eine wunderschöne und abwechslungsreiche Tour hoch über dem Zürichsee. Für ein herrliches Panorama braucht man nicht in die Berge zu fahren – eine Wanderung am Zürichsee genügt völlig.

Anreise: Von Zürich mit der S8 nach Horgen, weiter mit dem Postauto bis zur Haltestelle Wüeribach

Rückreise: Von Kilchberg-Kirche mit dem Bus 161 nach Zürich-Bürkliplatz

Unsere Route: Wüeribach – Murimoos – Stumpenhölzlimoos – Landforst – Etzliberg – Park im Grüene – Nidelbad – Kilchberg-Kirche

Landeskarte der Schweiz 1:25 000, Blatt 1111 «Albis» oder Wanderkarte 1:50 000, Blatt 225T «Zürich»

3 h – das ganze Jahr möglich, bei Neuschnee werden die Forstwege nicht gepfadet.

Leicht – erholsame und abwechslungsreiche Tour, zwischen Etzliberg und Kilchberg wunderschönes Panorama – 120 m bergab

www.zuerichsee.ch
Tel. 0848 811 500
Tel. ZVV 0848 988 988
contact@zvv.ch

Exklusive und teure Wohnlage oberhalb von Thalwil – mit Blick auf die Goldküste.

Oben: Hochstämmige Föhren im Landforst
Unten: Hochmoor im Stumpenhölzlimoos

Fotos: Phillipe Cruz

Schönste Ausblicke Richtung Norden: Im Vordergrund Thalwil mit der katholischen Kirche. Im Hintergrund das untere Seebecken, Pfannenstil und Zürichberg.

Zu Conrad Ferdinand Meyer in Kilchberg

Wüeribach auf dem Horgenberg ist ein kleiner, verschlafener und landschaftlich idyllisch gelegener Weiler. Das Restaurant Schwyzerhüsli lädt gleich zu Beginn der Tour zu einer Stärkung ein. Es lohnt sich, noch vor dem Mittagessen loszufahren und den knurrenden Magen auf der gedeckten Terrasse zu besänftigen. Auf zwei Speisekarten werden rund 100 Gerichte feilgeboten. Da hat man nicht nur die Wahl zwischen geschnetzeltem Kalbfleisch nach Zürcher Art mit Champignonrahmsauce und Eglifilets Müllerinnenart. Wer die Weinbergschnecken im Töpfchen überbacken bestellt, darf kein Kostverächter sein.
Mit vollem Magen starten wir zu unserer Wanderung, denn Bewegung tut nach so viel bürgerlicher Küche Not. Wir spazieren am Pferdehof vorbei und biegen nach dem Wildschweingehege scharf nach links ab. Wer sieht den riesigen Keiler, das Wildschweinmännchen, zwischen den Büschen? Auf dem breiten Weg, teils im Wald, teils am Waldrand, kommen wir gut voran. Auf der Höhe des Weilers Moorschwand gilt es aufzupassen, dass wir den Anschluss an den Wanderweg nicht verpassen. Die Auswahl an Wegen und Strassen ist recht gross. Wir bleiben der Richtung Kilchberg/Zürich treu. Nochmals geniessen wir am Waldrand zu unserer Linken den Ausblick auf den von der Landwirtschaft geprägten Horgenberg,

10

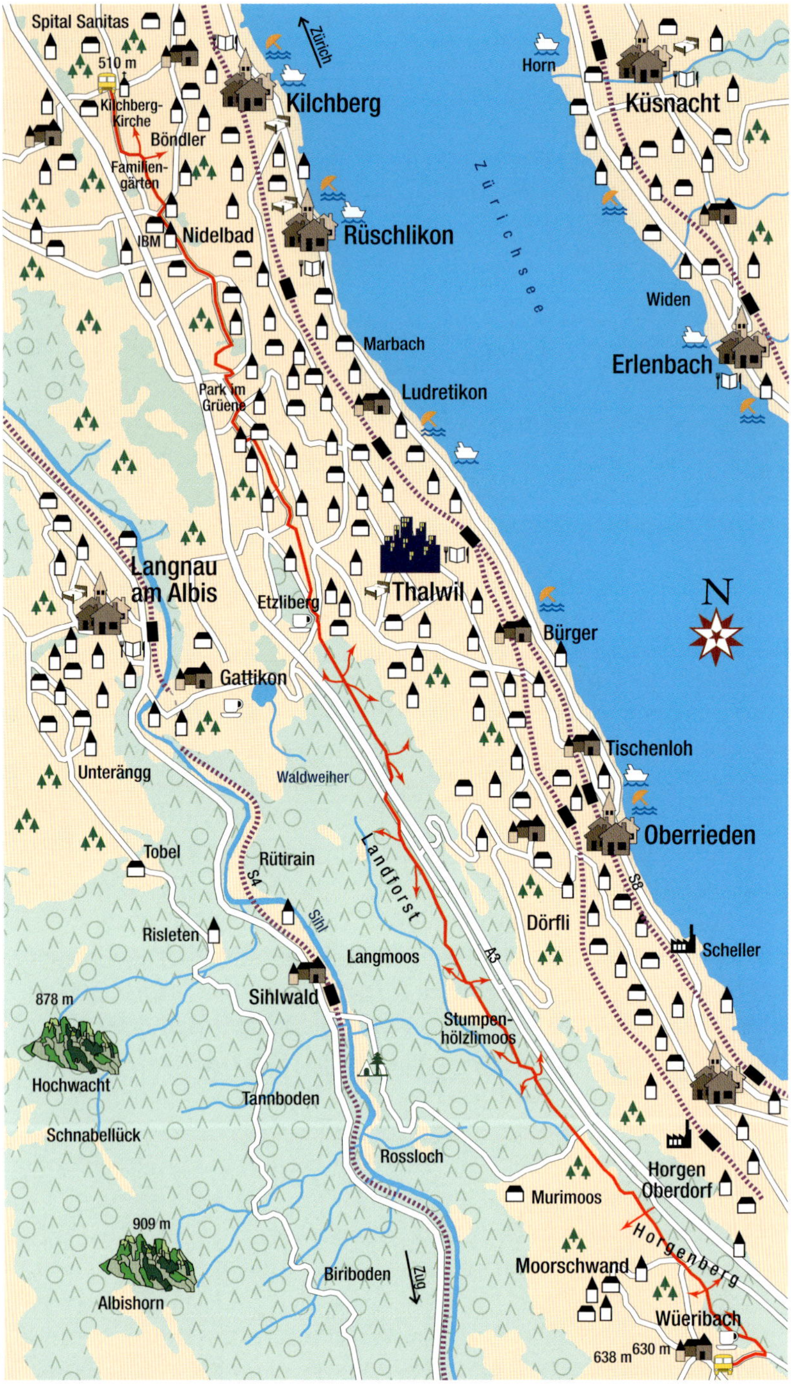
Spital Sanitas
510 m
Kilchberg-Kirche
Böndler
Familiengärten
IBM
Nidelbad
Kilchberg
Zürich
Rüschlikon
Zürichsee
Horn
Küsnacht
Widen
Erlenbach
Marbach
Ludretikon
Park im Grüene
Thalwil
Etzliberg
Langnau am Albis
Gattikon
Bürger
N
Tischenloh
Oberrieden
Waldweiher
Unterängg
Tobel
Rütirain
S4
Landforst
Sihl
S8
Dörfli
Risleten
Langmoos
A3
Scheller
878 m
Sihlwald
Stumpenhölzlimoos
Hochwacht
Tannboden
Schnabellück
Rossloch
Horgen Oberdorf
Murimoos
909 m
Horgenberg
Moorschwand
Biriboden
Zug
Albishorn
Wüeribach
638 m
630 m

Ein lohnender Blick zurück über das Dorf Thalwil mit der reformierten Kirche auf dem Plattenfelsen – dahinter der Zürichsee mit den Schwyzer und Glarner Bergen.

danach führt uns der Weg in den Wald. Insgesamt drei offene Riedflächen gibt es im Landforst, die auf allen Seiten durch Bäume geschützt sind. Eine biologisch reichhaltige Vegetation macht das Schutzgebiet für Naturliebhaber sehr interessant. Nach einer weiteren Viertelstunde unterqueren wir die Autobahn und erreichen oberhalb von Thalwil eine ganz andere Kulisse – Einfamilienhäuser und Luxuswohnblöcke an einer prächtigen Aussichtslage hoch über dem Zürichsee. Unser Panoramaabschnitt kann beginnen. Wer hat schon Durst? Wie wär's mit einer kurzen Pause auf der schön gelegenen Gartenterrasse des «Etzlibergs»? Der prächtige Ausblick auf das untere Zürichseebecken wird zum Glück nicht extra verrechnet. Der weitere Weg führt durch die Wohnquartiere, dabei empfiehlt es sich, die Wegweiser im Auge zu behalten, denn zu leicht kommen wir sonst von der Route ab. Wenn wir den Park im Grüene, das Freizeitzentrum vom Migros-Gründer Duttweiler, an der Zürichstrasse erreichen, sind wir richtig. Wir spazieren ein kurzes Stück auf dem Trottoir, wenden uns vor dem Kreisel nach rechts, um danach links in den Säumerweg einzubiegen. Wir sind richtig, wenn alsbald das Krankenheim Nidelbad und das IBM-Forschungszentrum von Rüschlikon auftaucht. Unmittelbar danach – zunächst rechts und ungefähr hundert Meter weiter wieder links in die Zubringerstrasse zu den Familiengärten. Jetzt halten wir ungefähr die Richtung, beachten die Wegweiser und erreichen nach ca. drei Stunden Wanderzeit die Kirche in Kilchberg. Wer sich für Literatur interessiert, erweist dem hier begrabenen Schriftsteller Conrad Ferdinand Meyer noch kurz die Ehre.

Am Zürichsee:
Begegnung mit der Natur – für alle

11

Park im Grüene Rüschlikon

Der Park im Grüene geht direkt auf das soziale Engagement der Migros-Gründer Gottlieb und Adele Duttweiler zurück. Mit dem Bedürfnis etwas vom eigenen Glück der Schweizer Bevölkerung zurück zu geben, wurde 1957 das Migros-Kulturprozent ins Leben gerufen. Fest in den Statuten der Migros verankert, bietet es kulturelle und soziale Leistungen, wovon eine breite Öffentlichkeit profitieren kann.

ZVV EIN TICKET FÜR ALLES

Anreise: Mit der S8 vom Hauptbahnhof Zürich nach Thalwil. Bei der Post hinter dem Bahnhof fährt der Bus 141 direkt zur Haltestelle Park im Grüene. Alternativ dazu kann man vom Bürkliplatz in Zürich direkt mit dem Bus 165 bis Haltestelle Merisbrunnen fahren. Von dort sind es fünf Gehminuten zum Park im Grüene.

Rückreise: Mit dem Bus 156 zum Bahnhof Adliswil und mit der S4 zurück zum Hauptbahnhof Zürich

Hoch über dem Zürichsee liegt auf 506 m ü. M. der Park im Grüene in der Gemeinde Rüschlikon ZH

Die aktuellen Öffnungszeiten erfährt man auf der Homepage des Parks. Eintritt frei.

Familienfreundliches Selbstbedienungsrestaurant mit grosser Terrasse; Kiosk

Park im Grüene
Alsenstrasse 40
8803 Rüschlikon
Tel. 044 724 01 66
www.parkimgruene.ch

Liegewiesen, ein günstiges Migros-Restaurant und viel Natur im Park im Grüene

Mitte: Kasperli ist noch immer ein Renner.
Unten: Eselreiten für tierliebende Kids

Fotos: Migros-Kulturprozent

Links: Ein wunderschönes Biotop mit Weiher entdecken wir im Park im Grüene.
Rechts: An heissen Sommertagen sorgt das Wasserspiel für kühle Köpfe.

Tra tra trallala – de Kasperli isch da …

Von der Bevölkerung liebevoll «Dutti-Park» genannt, erinnert der Park im Grüene an die Migros-Gründer Gottlieb und Adele Duttweiler, welche ihren wunderschönen Privatbesitz für die Allgemeinheit geöffnet haben. Im idyllisch gelegenen Park mit einer malerischen Aussicht auf den Zürichsee finden wir ausgedehnte Rasenflächen und einen schönen Spielplatz, auf dem sich unsere Kinder austoben können, während wir die Zeit im ausgeliehenen Liegestuhl verbringen oder auf der Restaurant-Terrasse einen Kaffee trinken. Mittwochs und sonntags können unsere Kinder ein Kasperli-Theater sehen, auf zahmen Eseln reiten und «Bähnli» fahren. Wem es dabei zu heiss wird, der findet beim Wasserspiel Abkühlung. Wechselnde Kulturveranstaltungen, wie zum Beispiel die alljährliche 1.-August-Feier oder das Kinder-Kino-Openair, ergänzen das Unterhaltungsangebot.
Mit den Parks im Grüene und der Bergbahn Monte Generoso will das Migros-Kulturprozent die Begegnung mit der Natur fördern. Für Familien bieten kindergerechte Gratis-Spielplätze ebenso einen Höhepunkt wie die vielen anderen Attraktionen. Essen und Getränke werden zu günstigen Preisen und in typischer Migros-Qualität angeboten, damit sich alle auch einen kulinarischen Ausflug leisten können.

Am Zürichsee: Wollerau – Richterswil **12**

Steueroase am Zürichsee

Nirgendwo sonst in der Schweiz wohnen so viele Millionäre wie in Wollerau und Freienbach im Kanton Schwyz. Der ehemalige Formel-1-Pilot Kimi Räikkönen, Roger Federer, der frühere UBS-Präsident Marcel Ospel und viele andere wohnen hier – nicht nur der tiefe Steuerfuss, sondern auch der Blick auf den Zürichsee und die Nähe zur Stadt Zürich locken die Millionäre an.

ZVV EIN TICKET FÜR ALLES

Anreise: Von Zürich mit der S2 nach Pfäffikon SZ, weiter mit dem Postauto über Wollerau zur Haltestelle Oswäldli

Rückreise: Von Richterswil mit der S2 oder dem Schiff zurück nach Zürich

Unsere Route: Oswäldli – Iltimoos – Nümüli – Hüttnerseeli – Samstagern – Sternenweiher – Mülitobel – Richterswil

Landeskarte der Schweiz 1:25 000, Blatt 1132 «Einsiedeln»

2 h 30 min – die Wanderung ist auch im Winter möglich. Vorsicht: evtl. Schnee und Eis im Mülitobel

Leicht – einfache Wege, letztes Drittel waldiger Tobelweg – 42 m bergauf, 250 m bergab

www.vvrs.ch
Tel. 044 787 69 69
Tel. ZVV 0848 988 988
contact@zvv.ch

Oben: Unser breiter Weg beim Iltimoos
Mitte: Vitaparcoursposten am Iltimoosweiher

Der Sternenweiher ist nicht natürlichen Ursprungs, sondern dient der Wasserkraft

Fotos: Ronald Gohl, Lukas Fischer

Die Wollerauer beschlossen 1995, den Iltimoosweiher zu sanieren, ein Jahr später nahm der Bund das Gebiet ins Inventar der Flachmoore von nationaler Bedeutung auf.

Im Land, wo Milch und Honig fliessen

Wer zu den Glücklichen zählt, die eine halbe Million Jahreseinkommen ausweisen und dazu noch in Wollerau wohnen, kann die Steuererklärung mit einem milden Lächeln ausfüllen. Gerademal 38 000 Franken zwacken Gemeinde und Kanton vom Einkommen für Steuern ab. Im nur sechs Kilometer entfernten zürcherischen Wädenswil müsste der Grossverdiener dreimal so viel für die Steuern berappen. Unser Föderalismus, wo Kantone und Gemeinden ihre eigenen Steuersätze bestimmen, macht es möglich.
Wir Wanderer unternehmen nur einen kurzen Abstecher ins Land, wo angeblich Milch und Honig fliessen. Die Bushaltestelle Oswäldli liegt auf Wollerauer Gemeindegebiet. Wir spazieren kurz auf dem Trottoir zurück Richtung Dorf und zweigen nach rund 100 Meter rechts in die Bachtobelstrasse ab, wo auf dem Sportplatz der Gemeinde Fussball und Tennis gespielt wird. Ob wir auch Roger Federer antreffen? Am Tennisplatz vorbei spazieren wir zum Krebsbach, wo uns am Waldrand ein kleiner Aufstieg zum Iltimoosweiher bevorsteht. Der Krebsbach hatte für die Wollerauer Gewerbetreibenden schon im Spätmittelalter eine grosse Bedeutung, sie bauten am Bach ihre Betriebe, um die Wasserkraft zu nutzen. Ein Informationsweg mit elf Stationen führt vom Hüttnerseeli entlang dem Krebsbach bis zur Mündung in den

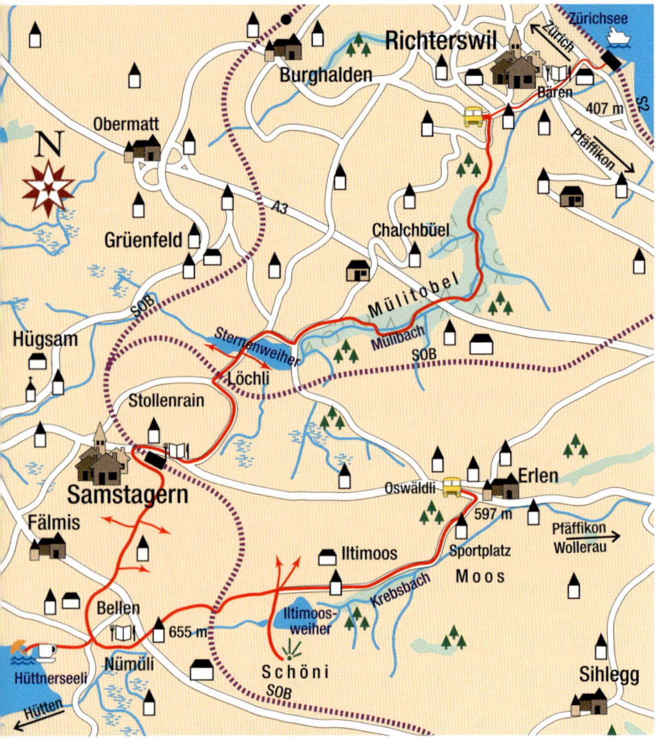

Zürichsee. Der Iltiosweiher, auch Freyenweiher genannt, so erfahren wir, entstand 1887 durch Tobias Frey, Inhaber einer Färberei, der einen Erddamm errichten liess um das Wasser des Krebsbaches zu stauen. Dieses wurde über eine

tipp:

Eiszeitliches Hüttnerseeli

Eine Hinterlassenschaft der letzten Eiszeit ist das Hüttnerseeli, das sich auf dem Gemeindegebiet von Samstagern und am Fuss der 1229 Meter hohen Höhronenkette befindet. Der Geologe Albert Heim bezeichnete die Hügel und Senken zwischen Hirzel und Albistal als die «grossartigste Moränenlandschaft der Schweiz». Das Wasser ist allerdings nicht eiskalt, so dass sich ein Sprung ins erfrischende Nass durchaus lohnen kann. Die Badi ohne Aufsicht hat je nach Witterung von Mitte Mai bis ca. Ende September geöffnet. Sonnenschirme und Liegestühle können im kleinen Restaurant am Hüttnerseeli gemietet werden. Das dunkle, trübe Wasser schreckt auf den ersten Blick etwas ab. Seit mehr als zwei Jahrzehnten wird mit einer Apparatur Sauerstoff in das 13 Meter tiefe Gewässer gepumpt, so dass heute wieder Sandfelchen im Wasser laichen. Das Panorama mit der saftig grünen Landschaft und dem kleinen Weiler Hütten begeistert die Badegäste und Sonnenanbeter.

Oben: Ein herrliches Panorama bei Schöni mit Blick auf den Iltimoosweiher.
Unten: Reger Betrieb herrscht am Bahnhof Samstagern mit den bunten SOB-Zügen.

Druckleitung durch das Fürtitobel hinunter auf eine Turbine der Färberei geführt.
Wir wandern weiter Richtung Westen und unterqueren die Bahnlinie der Südostbahn. Mit bis zu 5 Prozent Steigung zählt das Trassee zu den steilsten der Schweiz, das ohne Zahnrad von einer Normalspurbahn überwunden werden kann. Der kleine Abstecher zum Hüttnerseeli gehört zum Pflichtprogramm, bevor wir via SOB-Werkstätte und Bahnhof Samstagern den stillen Sternenweiher erreichen. Der Teich gehörte als ehemaliger Fabrikweiher zu einer Baumwollspinnerei, heute ist er Eigentum der Gemeinde Richterswil und steht unter Naturschutz. Als Nächstes erwartet uns ein wildromantisches Wegstück durchs Mülitobel mit seinen bemoosten Findlingen. Bis kurz vor der Autobahnbrücke eine wahre Idylle: Mehrere Brücklein queren den Mülibach, mal befinden wir uns auf Zürcher Boden, mal auf Schwyzer Seite. Unser Wanderweg mündet in die Zugerstrasse, der wir nun noch am Gasthof Bären vorbei bis hinunter zum Bahnhof Richterswil am Zürichsee folgen.

Eine Seefahrt ist lustig

«Eine Seefahrt, die ist lustig – eine Seefahrt, die ist schön …» behauptet ein uraltes Lied. Wir machen die Probe aufs Exempel, und tatsächlich treffen wir kaum griesgrämige Menschen auf dem Schiff. Alle freuen sich über die frische Brise und die Freizeitstimmung. Genau so erleben wir unsere Reise von Zürich nach Horgen. Der Alltag ist so nah, und doch ist alles ganz anders!

ZVV EIN TICKET FÜR ALLES

Anreise: Von der Stadtzürcher Schifflände am Bürkliplatz mit dem Kursschiff nach Horgen – oder die S2/S8 benützen

Rückreise: Von Richterswil mit der S2/S8 oder dem Schiff zurück nach Zürich

Unsere Route: Horgen – Alte Sust – Hirsacher – Käpfnach – Rietli – Naglikon – Au – Wädenswil

Landeskarten der Schweiz 1:25 000, Blätter 1111 «Albis» und 1112 «Stäfa»

2 h – das Schiff verkehrt täglich von ca. Mitte März bis Mitte Oktober.

Ebener Weg entlang des Sees, kein Höhenunterschied. Auch mit dem Kinderwagen möglich.

www.zuerichsee.ch
www.zsg.ch
Tel. 0848 811 500
Tel. ZVV 0848 988 988
contact@zvv.ch

Noch immer sind kleine Jungs beeindruckt, wenn ein Dampfschiff vorbeizieht.

Oben: Schön angelegter Uferweg bei Rietli
Unten: Das Schiff hält auch in Meilen.

Nach zweistündiger Wanderung treffen wir in Wädenswil ein und freuen uns auf die Rückfahrt mit dem Schiff – im Bild das Motorschiff «Limmat».

Von Säumern und Pfahlbauern

Als ums Jahr 1200 die Schöllenenschlucht gangbar gemacht wurde, erlangte der Gotthard im Handelsverkehr zwischen Deutschland und Italien eine zentrale Bedeutung. Auf dem Weg von Norden in den Süden machten die Händler und Säumer auch in Horgen Halt, das für die nächsten 600 Jahre zu einem wichtigen Umschlagsplatz wurde. Noch heute zeugt die Alte Sust, ein grosses, schlossähnliches Gebäude, unweit der Schifflände, vom einstigen, bunten Treiben der Händler. Die Ware kam von Zürich mit dem Schiff nach Horgen, wo sie im Hafen auf die bereitstehenden Maultiere umgeladen wurde. Nachdem alles verpackt und verschnürt war, machten sich die Säumer in Richtung Zug und Gotthard auf den Weg.
Wir wählen nicht die alte Säumerroute, denn diese verlässt den Zürichsee, stattdessen spazieren wir von der Schifflände auf dem Seeweg an der Alten Sust vorbei in Richtung Wädenswil.
Horgen soll schon viel früher, als es die Sust noch nicht gab, eine wichtige Rolle am Zürichsee gespielt haben. Alte Funde belegen, dass vor 5000 Jahren die Pfahlbauer hier siedelten. Die Leute lebten als Fischer und Jäger, machten das Hinterland urbar und trieben Ackerbau. Unser Weg direkt am Zürichsee führt über Talacher und Hirsacher nach Käpfnach, wo uns ein Strandbad zum Unter-

13

bruch der Wanderung einlädt. An heissen Sommertagen nehmen wir den Sprung ins angenehm frische Wasser des Zürichsees gerne an. Die Wasserqualität ist erstaunlich gut. Wer hat gewusst, dass es im Zürichsee auch Nesseltiere gibt, die mit den Korallen verwandt sind? Es handelt sich dabei um so genannte Süsswasserpolypen – manchmal sind ganze Felswände unter Wasser davon übersäht.

Wir setzen unseren Weg nach Au fort, ständiger Begleiter sind die Züge der SBB, die in allen Variationen (S-Bahn, InterRegio, Intercity, Eurocity) vorbeibrausen. Nach den ausgedehnten Schilfbeständen von Naglikon verlassen wir das Ufer. Die Halbinsel Au mit ihrem vornehmen Landgut und den Rebbergen versperrt uns die Sicht auf den See. Dafür entdecken wir den idyllischen Auweiher, ein kleines Biotop. Bald haben wir die Halbinsel hinter uns und wir spazieren wieder direkt am Wasser. Noch zwei Strandbäder liegen zwischen Au und Wädenswil. Da fällt die Wahl nicht leicht. Mit dem Schiff fahren wir zurück nach Zürich.

Idyllisches Biotop mit Weiher zwischen Rebbergen und Schilf auf der Halbinsel Au.

Die Alte Sust am Hafen von Horgen wurde vorbildlich restauriert.

tipp:

Flaggschiff «Panta Rhei»

Seit Frühjahr 2008 verkehrt auf dem Zürichsee das neue Flaggschiff «Panta Rhei» – die Kinderkrankheiten sind längst vergessen und die Passagiere erfreuen sich über den Luxus und die Panoramafenster an Bord.
Das Wort «Panta Rhei» stammt aus dem Griechischen und bedeutet «alles fliesst», aber auch eine Kult-Rockgruppe der ehemaligen DDR trat unter diesem Namen auf. Keine Frage, dass bei so viel Muse auch die Reise auf dem neuen Schiff reinstes Seelenbalsam ist. Die «Panta Rhei» ist mit 54 Meter zwar

nicht das längste Zürichsee-Schiff und mit 700 Personen an Bord auch nicht das Grösste – die beiden alten Dampfer haben hier die Nasen vorn – dafür aber mit Abstand das Komfortabelste und Modernste. Die Website der Zürichsee-Schifffahrtsgesellschaft (www.zsg.ch) gibt darüber Auskunft, wann die «Panta Rhei» auf dem See unterwegs ist. Mit etwas Planung können wir unsere Wanderung mit einer «Panta-Rhei»-Fahrt verbinden.

Am Zürichsee:
Uerikon – Stäfa

14

An der Goldküste

Ob Reiche und Superreiche auch gern wandern? Eine Ladenbesitzerin an der Zürcher Goldküste verneint dies. Wer es sich leisten kann, verbringt seine Freizeit beim Golfen oder auf seiner Yacht auf dem Zürichsee. Wellness, Spa und Lifestyle gehören zu den weiteren Steckenpferden der Schikeria. Wir geniessen unsere Wanderung an der Goldküste trotzdem!

ZVV EIN TICKET FÜR ALLES

Anreise: Mit dem Schiff von Zürich-Bürkliplatz bis Uerikon – schneller: S7 Winterthur–Zürich –Rapperswil bis Uerikon

Rückreise: S7 von Stäfa nach Zürich

Unsere Route: Uerikon – Ritterhausstrasse – Moritzbergstrasse – Sternenhalden – Chirchbüel – Stäfa

Landeskarte der Schweiz 1:25 000, Blatt 1112 «Stäfa»

1 h 30 min – das Schiff verkehrt im Juli und August täglich. In der übrigen Zeit (März bis Oktober) nur am Wochenende.

Leichte Wanderung; kleiner, kaum spürbarer Aufstieg zum Moritzberg – 47 m bergauf und bergab

www.zuerichsee.ch
www.zsg.ch
Tel. 0848 811 500
Tel. ZVV 0848 988 988
contact@zvv.ch

Das Motorschiff Wädenswil beim Anlegemanöver an der Schifflände Stäfa

Mitte: Ortsschild Uerikon bei der Schifflände
Unten: Genuss pur auf dem Zürichseeschiff

Fotos: Ronald Gohl

Ein Hauch Ferienstimmung kommt auf, wenn wir am Yachthafen von Stäfa bei einem feinen Nachtessen im Restaurant Schützenhaus den Abend ausklingen lassen.

Grüne Weinberge, blauer See

Sanfte Hügel, ein grosser blauer See, weit gezogene Ebenen – so ist die malerische Landschaft vor den Toren Zürichs mit wenigen Worten erklärt. Der Geldadel der grössten Schweizer Stadt hat sich nicht umsonst diesen Flecken als Residenz ausgesucht. Der Grund und Boden ist inzwischen für Normalsterbliche unerschwinglich und die Immobilienpreise erreichen astronomische Höhen. Im Gegensatz zum gegenüberliegenden Ufer scheint die Sonne viel länger und an den südexponierten Hängen gedeiht ein süffiger Wein.
Auch uns zieht es ins Zürcher Kalifornien, gibt es doch ein Wanderweg, der an Rebbergen und Villen vorbeiführt und auch ein kleines Stück des herrlichen Panoramas uns Otto-Normalverbrauchern gewährt. Dies wäre in Kalifornien wiederum völlig undenkbar, weil dort die Wohnbezirke der Reichen und Superreichen hermetisch abgeriegelt sind.
Wir beginnen unseren Ausflug mit einer gemütlichen Schifffahrt, die uns vom Bürkliplatz im Herzen Zürichs über den ruhigen und weiten Zürichsee bis nach Uerikon bringt. Von der Schifflände folgen wir zunächst ein kurzes Stück der Hauptstrasse zurück nach Zürich und biegen schon nach 100 Metern rechts in die Ritterhausstrasse ab (Wegweiser beachten). Weiter oben dürfen wir aller-

tipp:

Der «Goldküsten-Express»

Sie prägten vier Jahrzehnte lang das Bild an der Goldküste, doch im Dezember 2008 ging ihre Ära zu Ende – die Rede ist von den Triebwagenzügen der SBB, die zwischen Zürich und Rapperswil pendelten. In den Jahren 1965 bis 1967 nahmen die Schweizerischen Bundesbahnen 20 neue Triebzüge mit der Bezeichnung RABDe 12/12 in Betrieb. Sie können damit als die ersten eigentlichen S-Bahn-Fahrzeuge der Schweiz angesehen werden. Aufgrund des Einsatzgebietes bekamen die Züge schnell den Übernamen «Goldküsten-Express». Der

zweite und wesentlich bekanntere Übername «Mirage» ist entstanden, weil der Lärm der Kompressoren stark an die zur gleichen Zeit beschafften Düsenjets erinnerte. In verschiedener Hinsicht war der «Goldküsten-Express» ein spezielles Fahrzeug. Auffällig war die Farbgebung: Die Züge wurden in Weinrot statt dem damals üblichen Tannengrün abgeliefert. Mit zwölf angetriebenen Achsen war zudem eine Beschleunigung möglich, welche seinerzeit kein anderes Regionalfahrzeug der SBB bot.

Dieser Traum eines umgebauten Fachwerkhauses wurde in Stäfa verwirklicht.

Mitte: Zwischen Traumvillen und Weinberg
Unten: Blick vom Schiff auf Uerikon

dings dem Wegweiser nicht mehr ganz trauen. Am besten steigen wir den Berg hinauf bis zum Schulhaus und Kindergarten, wo wir links in die Moritzbergstrasse einbiegen. Nun geht's durch ein gepflegtes Quartier mit Reiheneinfamilienhäusern. Hier wohnen zwar noch nicht die Superreichen, doch auch diese Eigenheime sind wohl kaum unter einer Million zu bekommen. Wir schwenken bei der nächsten Verzweigung links in den Rebenweg ein, der uns zu den Weinbergen von Sternenhalden bringt. Mehrere Ruhebänke laden hier dazu ein, die Weitsicht über den Zürichsee und an klaren Tagen bis weit in die Zentralschweizer und Glarner Alpen zu geniessen. Auf der rechten Seite des Weges blicken wir in die Gärten der ersten Edelvillen – zwar gut verbuscht, eingemauert, aber dennoch nicht ganz abgeschottet. Doch uns Wanderer interessiert mehr die schöne Aussicht als der Einblick in diese Gärten. Wir nähern uns dem Dorf Stäfa, wo wir diesmal den Wegweisern wieder trauen dürfen. Sie führen uns durch das Strassenlabyrinth, vorbei an der Schule und Kirche hinunter zum Bahnhof. Hier könnten wir mit der S7 zurück nach Zürich fahren, denn der Schiffsfahrplan mit Anschlüssen in Stäfa ist nicht sehr dicht und die Rückfahrt will im Voraus gut geplant sein. Haben wir uns für das Schiff entschieden, gehen wir vom Bahnhof zur Seestrasse hinunter, wenden uns nach rechts und erreichen nach 200 Metern die Schifflände im Stäfer Ortsteil Ötikon.

Freizeitkapitäne an der Zürcher Goldküste

Eine Drumlinlandschaft

Was ist eine Drumlinlandschaft, mögen sich die meisten Leser fragen. Das Wort «Drumlin» stammt aus dem irischen Sprachgebrauch und bedeutet Rücken. Geologen verstehen unter einem Drumlin einen länglichen Hügel mit tropfenförmigem Grundriss. Seine Längsachse liegt in der Fliessrichtung eines eiszeitlichen Gletschers.

ZVV EIN TICKET FÜR ALLES

Anreise: Von Zürich HB mit der S5/S15 bis ins Zürcher Oberländer Dorf Bubikon

Rückreise: Mit der S5/S15 ab Wetzikon zurück nach Zürich

Unsere Route: Bubikon – Landsacher – Herschmettlen – Sennwald – Hellberg – Oberhöflerriet – Wetzikoner Drumlinlanschaft – Ambitzgi – Jungholz – Wetzikon

Landeskarte der Schweiz 1:25 000, Blatt 1112 «Stäfa» oder Wanderkarte 1:50 000, Blatt 226 T «Rapperswil»

2 h 45 min – auch im Winter reizvoller Spaziergang, die Wege werden allerdings nicht alle gepfadet.

Leicht – auf guten und ebenen Wanderwegen durch eine sanfte Hügellandschaft

www.trzo.ch
Tel. 044 980 02 16
Tel. ZVV 0848 988 988
contact@zvv.ch

Tierische Vielfalt mit Libellen (Vierfleck) und Teichfröschen (unten) in den Moortümpeln

Stämmige Birken im Oberhöflerriet berreichern das Landschaftsbild.

Fotos: Ronald Gohl, Pro Natura (Adrien Zeender)

Oben: Unser Wanderweg verläuft am Waldrand des Hatsbergs.
Mitte: Die S5/S15 durchfährt mit ihren modernen Zügen das Drumlintal.

Vorbei an Torfstichteichen

Eine für die Schweiz äusserst seltene Drumlinlandschaft befindet sich zwischen Wetzikon und Hinwil im Zürcher Oberland. Sie entstand durch den Eisdruck des früheren Linthgletschers, der vor mehr als 10 000 Jahren die Region mit einem dicken Eispanzer zugedeckt hatte. Die Drumlins sind höchstens einige zehn Meter hoch und einige hundert Meter lang, dazwischen liegen die Drumlintäler. Nach dem Rückzug der eiszeitlichen Gletscher bildete sich eine feuchte Tundralandschaft mit Mooren. Als sich das Klima erwärmte, entwickelten sich auf den Drumlins Birken und Föhren, später fasste auch der Laub-Mischwald Fuss.

15

Vom Bahnhof Bubikon aus spazieren wir auf dem Trottoir ins Dorfzentrum, überqueren die Hauptstrasse und verlassen Bubikon über die Rutschbergstrasse. Zu unserer Linken liegt im sanft geschwungenen hügeligen Gelände ein erstes Flachmoor. Dieses gehört zu einer ganzen Reihe von Feuchtgebieten rund um die Gemeinde Bubikon. Am wohl bekanntesten ist der im Süden gelegene Egelsee, wo ein Lehrpfad mit zehn Stationen eingerichtet wurde. Unsere Wanderung führt nun an kleinen Weilern vorbei, wo noch der bäuerliche Alltag regiert. Die Häuseransammlungen haben so klangvolle Namen wie Sennschür, Landsacher oder Herschmettlen. Wir überqueren die A52 und gelangen in den Sennwald, in welchem der Wanderweg mehrere Haken schlägt. Nachdem wir östlich von Hellberg die Bahnlinie unterquert haben, rückt das Schutzgebiet der Wetzikoner Drumlinlanschaft in Reichweite.
Pfaffenholz, Hatsberg oder Schwändi heissen die langgestreckten und bewaldeten Drumlinhügel. Dazwischen breitet sich ein weites Hochtal mit einer faszinierenden Moorlandschaft aus. Diese wird jedoch von allen Seiten bedrängt: Hochspannungsleitungen, zwei Bahnlinien, ein Autobahnzubringer. Dennoch konnten sich hier viele seltene Arten wie zum Beispiel die Grosse Moosjungfer, eine Libellenspezies, halten. Sie leben in den Tümpeln, welche durch die Torfstecher in der ersten Hälfte des letzten Jahrhunderts entstanden sind. Auch Pflanzen wie die Moor-Spierstaude oder das Sumpfveilchen, die feuchte Umgebungen bevorzugen, konnten sich hier gut entwickeln. Erneut unterqueren wir die Bahnlinie, danach geht's weiter über das Ambitzgi-Hochmoor, das Jungholz und die Gewerbezone Breiten bis wir schliesslich den Bahnhof in Wetzikon erreichen.

Die Drumlinlandschaft wurde vor vielen tausend Jahren durch den Linthgletscher geformt.

Mehrere kleine Tümpel bilden Lebensräume für Amphibien.

tipp:

Egelsee bei Bubikon

Rund eine halb Stunde Fussmarsch von Bubikon entfernt liegt im Süden des Dorfes der Egelsee – ein beliebtes Ausflugsziel für Badegäste und Naturfreunde. Wir folgen vom Bahnhof den Wegweisern und kommen auch am Ritterhaus vorbei, für Kinder gibt's hier einen speziellen Museumsführer. Die Wanderung von Bubikon durch die Drumlinlandschaft nach Wetzikon und der Besuch am Egelsee können nicht an einem Nachmittag kombiniert werden. Zwei separate Ausflüge sind erforderlich. Die verträumte Ausstrahlung des Egelsees

bietet Liegewiesen und Eckchen für jeden Geschmack. Auch beim Schwimmen kommt man sich nicht in die Quere. Ein kleines Restaurant, ein Beachvolleyballfeld, Tischtennis, Pontonflosse, Duschen und Umkleidekabinen bilden die Infrastruktur. Speziell ist das Moorbad, ein aus dem Torf gestochenes Loch. Die «Moorpackung» wird man durch einen Sprung in den See wieder los. Badesaison: 1. Mai bis 30. September.

Zürcher Oberland:
Wernetshausen – Bachtel – Gibswil

16

Auf zum Panoramaturm

Nur drei Kilometer entfernt ist der Oberländer Hausberg vom Dorfkern Hinwil. Die kurze Distanz und gute Erreichbarkeit tragen zur Beliebtheit des Ausflugsziels Bachtel bei. Mit dem weit herum sichtbaren Aussichtsturm, vielen Wanderwegen und einem Restaurant ist der «Eintausender» bestens ausgerüstet für Wanderer, Mountainbiker und Naturgeniesser.

ZVV EIN TICKET FÜR ALLES

Anreise: Von Zürich HB mit der S5/S15 nach Wetzikon, weiter mit der S14 nach Hinwil, dort steigen wir in den Bus 875 und fahren bis Wernetshausen-Dorf.

Rückreise: Von Gibswil mit der S26 bis Rüti ZH, weiter mit der S15 bis Zürich HB

Unsere Route: Wernetshausen – Neubrunnen – Schwändi – Orn – Bachtel – Hinter Sennenberg – Gibswil

Landeskarte der Schweiz 1:25 000, Blatt 1113 «Ricken» oder Wanderkarte 1:50 000, Blatt 226T «Rapperswil»

Ohne Aufenthalt auf dem Bachtel und in zügigem Tempo ist mit zwei Stunden Wanderzeit zu rechnen

Anspruchsvoll – steiler Weg, Waldstücke bei Nässe nicht empfehlenswert – 384 m bergauf, 352 m bergab

www.trzo.ch
Tel. 044 980 02 16
Tel. ZVV 0848 988 988
contact@zvv.ch

Vom Bachtelturm aus sehen wir weit über die Grenzen des Zürcher Oberlandes hinaus.

Mitte: Schlösschen in Wernetshausen
Unten: Der 75 Meter hohe Bachtelturm

Fotos: Lukas Fischer

Der Herbst taucht die zahlreichen Laubbäume um den Bachtel in wunderbare Gelb- und Rottöne und bringt so Farbe in die grünen Wiesen des Berges.

Steiler Berg, schöne Aussicht

Alle Wege führen nach Rom. Und sehr viele Wege führen auf den Bachtel. Dies sollten wir uns merken, wenn wir nicht vom hier beschriebenen Weg abweichen wollen. Denn sobald wir aus dem Bus gestiegen und die ersten paar Meter gegangen sind, treffen wir auf einen Wegweiser, der bereits einen Alternativweg anpreist. Diesen ignorieren wir jedoch und folgen der breiteren Strasse, die uns zuerst noch durch Wernetshausen führt. Das kleine Dorf weist einige hübsche Häuser auf, die einen wunderbar ländlichen Flair vermitteln. Es ist auch die Heimat von Bundesrat Ueli Maurer. Schon bald verlassen wir das Dorf und biegen beim Weiler Neubrunnen links ab. Über eine Wiese geht's nun erstmals bergauf und bald erreichen wir den Waldrand. Bevor wir weiterwandern, werfen wir einen Blick zurück und geniessen die schöne Aussicht. Besonders lohnend ist der Ausblick morgens, denn da scheint die Sonne in Blickrichtung auf den Zürichsee. Nachmittags liegt die Region Zürich im Gegenlicht. Wenn wir uns genügend ausgeruht haben, nehmen wir das nächste Wegstück in Angriff. Nach einem eher steilen Abschnitt durch ein Wäldchen erreichen wir eine geteerte Fahrstrasse, der wir nun (entgegen dem Ratschlag des Wegweisers) nach rechts folgen. Die hügelige und grasgrüne Landschaft lassen wir entspannt auf uns wirken, denn noch ist untipp:

Ganzjähriges Skispringen im Oberland möglich

Gegen Ende der Wanderung erhaschen wir mehrmals einen Blick auf eine Art Riesenrutschbahn, an deren unteren Ende ein grosser, grüner Teppich über die Wiese gelegt wurde. Das ist kein Kinderspielplatz sondern die Skisprunganlage Gibswil, welche ganzjährig genutzt wird und sich zur Grössenordnung mittlerer Schanzen zählt. Damit bietet sie vor allem Jugendlichen aus der Region Trainingsmöglichkeiten. Für Profis und grössere Meisterschaften ist sie bereits zwei

Nummern zu klein. Finanziell unterstützt wurde das 2006 eröffnete, zwei Millionen teure Projekt durch den Kanton und durch mehrere Darlehen. Der Regierungsrat erhofft sich davon die Förderung des Sportlernachwuchses und eine attraktivere Stellung des Zürcher Oberlandes bzw. des Tösstals.

Weitere Informationen:
www.sprungschanze.ch

Oben: Blick auf das Restaurant von der 30 Meter hohen Aussichtsplattform aus

Unten: Wasserfall im Tobel bei Gibswil

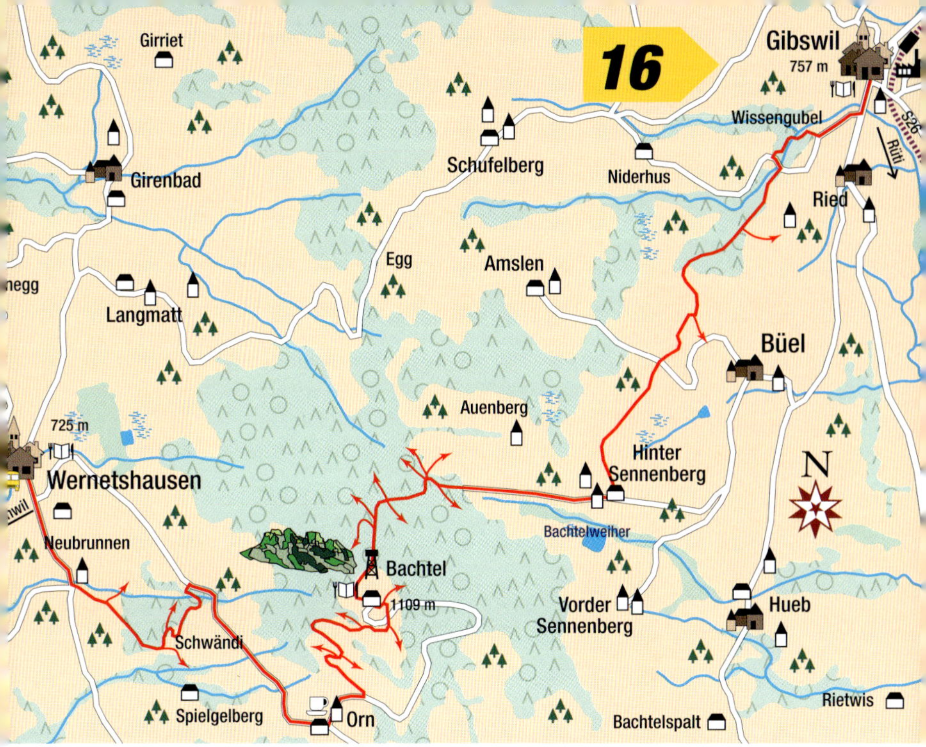

ser Weg flach. Schon bald kommen wir in Orn an, einem kleinen Weiler, der müden Wanderern eine Erfrischung im Restaurant bietet. 200 Höhenmeter weiter oben, doch nur einen halben Kilometer weit entfernt, liegt das nächste Zwischenziel – der höchste Punkt des Bachtels (1109 m ü. M.). Auf dem Gipfel befindet sich ein Restaurant, ein Spielplatz und nicht zuletzt der Bachtelturm. Dieser wartet einerseits mit einer 30 Meter hohen Aussichtsplattform auf, ist aber auch mit einer UKW- Sendestation ausgerüstet. Ebenfalls auf dem Turm angebracht, befindet sich eine Messanlage, die Aufschluss über die Luftqualität gibt. Nachdem wir uns am schönen Panorama satt gesehen haben, machen wir uns auf den Abstieg nach Gibswil. Die ersten paar hundert Meter durch den Wald sind etwas verwirrend, da es sehr viele Wege und Kreuzungen gibt. Doch hoffentlich bewältigen wir auch diese Schwierigkeit. Sobald wir bei einem grösseren Wegweiser ankommen, der nach Gibswil zeigt, sind wir auf dem richtigen Weg und kommen in den «Genuss» eines steilen und bei Nässe rutschigen Abstiegs. Bis eingangs Gibswil wandern wir nun einem flach abfallenden Weg entlang. Dort erwartet uns noch ein kleines Tobel mit romantischem Wasserfall. Kurze Zeit später sind wir schon am Bahnhof Gibswil, wo wir auf einen der stündlich fahrenden Züge warten und uns bis zur Abfahrt im Dorflädeli versorgen.

Geschichtsträchtige Wege

Die Industrialisierung machte im 19. Jahrhundert auch vor dem Zürcher Oberland nicht Halt: Noch heute kann man in Neuthal, zwischen Bäretswil und Bauma, die Baumwollspinnerei der Guyers bestaunen. Ab und zu fährt auch der alte Dampfzug über das Viadukt. Auf den von Guyer-Zeller errichteten Wanderwegen lassen sich die Geschichtskenntnisse auffrischen.

ZVV EIN TICKET FÜR ALLES

Anreise: Von Zürich mit der S5/S15 und Bus 850 (Wetzikon umsteigen), von Winterthur mit der S26, nach Bauma

Rückreise: Mit dem Bus 850 von Bäretswil-Gemeindehaus nach Bauma oder via Wetzikon nach Zürich

Unsere Route: Bauma – Silisegg – Neuthal – Hinterburg – Josenhof – Rüetschwil– Bäretswil

Landeskarten der Schweiz 1:25 000, Blätter 1092 «Uster» und 1093 «Hörnli» oder Wanderkarte 1:50 000, Blatt 226T «Rapperswil»

Die kurze Wanderung, gut mit den ÖV erreichbar, von 1 h 30 min ist ideal für einen Nachmittagsspaziergang.

Mittelschwer – durchs Tobel schmale, steile und spannende Wege, Treppen und Brücken – 193 m bergauf, 125 m bergab

www.industrielehrpfad-zo.ch
Tel. 044 980 02 16
Tel. ZVV 0848 988 988
contact@zvv.ch

Wäscheleine vor einem speziellen Haus mit vielen unterhaltsamen Extras in Silisegg

Oben: DVZO-Dampfzug oberhalb Bauma
Unten: Efeubewachsenes Haus in Bäretswil

Fotos: Ronald Gohl (Dampfzug)

Nach einem kurzen Aufstieg bietet sich uns vom Höckler ein schöner Ausblick auf Bauma – im Hintergrund rechts das Hörnli.

In den Hügeln des ländlichen Tösstals

Nur 50 Minuten von der Stadt Zürich entfernt und doch inmitten eines wilden Tals, umgeben von Wäldern und Hügeln – das ländliche Tösstaler Dorf Bauma präsentiert sich als moderne Gemeinde inmitten eines Naherholungsgebietes. Das war nicht immer so: 1786 brannte aus Unachtsamkeit ein grosser Teil des Dorfes nieder. Weil die Häuser aus Holz gebaut waren, fand das Feuer rasch Nahrung. Viele Menschen verloren ihr Hab und Gut – ein schwerer Schlag für die damals noch bitterarme Gemeinde. Im 19. Jahrhundert zählte Bauma zu den bevölkerungsreichsten Dörfern im Kanton Zürich. Wiederholt wurde der Ort von Hungersnöten heimgesucht. In den Jahren 1816/17 starben sogar 156 Personen an Schwäche und Unterernährung.
Mit der fortschreitenden Industrialisierung Mitte des 19. Jahrhunderts wurde vieles anders. Eine grosse Rolle spielten dabei die Spinnereien, welche den Menschen in Bauma und Bäretswil Arbeit und einen bescheidenen Wohlstand boten. Zu den ganz grossen Industriepionieren und Wohltätern der Region zählte Adolf Guyer-Zeller (1839-1899). Gab es einen Monat mit schlechter Auftragslage in der Fabrik, stellte er seine Leute nicht auf die Strasse, sondern liess sie Wanderwege im Neuthal bauen, auf denen sie sich dann mit ihren Familien am Wochenende erholen konnten.

Bekannt wurde Guyer-Zeller auch als Bahnpionier. Er war nicht nur für den Bau der Dampfbahn von Uerikon nach Bauma verantwortlich, sondern wagte sich auch an die Umsetzung einer elektrischen Zahnradbahn aufs Jungfraujoch. Leider erlebte er deren Eröffnung nicht mehr.
Wir verlassen den Bahnhof Bauma in südlicher Richtung durch die Bahnhofstrasse. Direkt am Weg liegt die Konditorei Voland: Die Versuchung ist gross von den Baumerfladen zu kosten, eine Spezialität des Hauses. An der Kirche vorbei gelangen wir zur Hauptstrasse nach Bäretswil, der wir jedoch nur kurz folgen. Wir zweigen nach wenigen Schritten auf dem Trottoir links ab und steigen zum Friedhof und zur Bahnlinie hinauf. Letztere wird heute zwischen Bauma und Hinwil als Museumseisenbahn betrieben (Infos: www.dvzo.ch). Auf dem Höckler haben wir die grösste Steigung geschafft, ein Blick zurück zum Dorf Bauma und hinüber zum Hörnli lohnt sich. Bei Silisegg weist uns der Wegweiser zweimal nach rechts. Auf einem schmalen Pfad wandern wir parallel zur Bahnlinie durch den Wald und erreichen nach rund 30 Minuten die ehemalige Baumwollspinnerei von Guyer-Zeller. Ein Weglein führt von hier aus dem Wissenbach entlang nach Hinterburg, ein verschlafener Weiler, der immerhin mit einem kleinen Restaurant Speis und Trank bietet. Ein kurzes Stück spazieren wir auf dem Hartbelag einer Nebenstrasse, beim Josenhof zweigen wir rechts in ein Seitental ab und erreichen beim Weiler Rüetschwil eine Anhöhe, von der aus wir nach Bäretswil hinunterblicken. Das grosse rote Gebäude am Dorfrand wurde in den 1970er-Jahren als letzte, leider erfolglose Textilfabrik der Region erbaut. Wir zweigen vom Strässchen ab und nehmen den Wanderweg, der dem Waldrand entlang ins Dorf hinunterführt. Unser Ziel, die Bushaltestelle bei der Gemeindeverwaltung, ist nicht mehr weit.

Links: Wasserturm beim Industriegebiet – Rechts: Steile und wacklige Treppe im Wald

tipp:

Industrie-Ensemble Neuthal

1826 eröffnete Johann Guyer im Neuthal zwischen Bäretswil und Bauma eine der ersten grossen Baumwollspinnereien. Anfangs gab es nur ein Gebäude, in welchem die Familie auch schlief. Draussen rumpelten die gut 10 Meter hohen Wasserräder, die die Maschinen der Fabrik antrieben. Schon bald kamen ein Fabrikantenwohnhaus, Garn- und Baumwollmagazine sowie ein zweites Ökonomiegeäude hinzu. Der Sohn, Adolf Guyer-Zeller, der als Pionier des 19. Jahrhunderts in die Geschichtsbücher einging, liess das Fabrikgelände in eine Parkanlage umwandeln und die bekannten Guyer-Zeller-Wanderwege rund um Neuthal errichten. Aus wirtschaftlichen Gründen musste die Fabrik 1964 geschlossen werden. Heute kann man eine Führung durch die intakten Bauten buchen und die Wasserkraftanlage sogar in Betrieb bestaunen.

Infos: www.industrieensemble.ch

Geheimnisvolle Türme

In einer Zeit, als Fabriken mit Dampfmaschinen angetrieben wurden, entwickelten die Industriekapitäne der Baumwollspinnereien rund um Bäretswil ein ausgeklügeltes System an Druckrohrleitungen, Stauweihern und geheimnisvollen Tobeltürmen. Auf unserer Wanderung von Bäretswil nach Wetzikon entdecken wir aber auch einen Wasserfall mit Felsenbad.

Anreise: S5/S15 Zürich–Wetzikon, weiter mit dem Bus 851 Richtung Adetswil bis zum Bahnhof Bäretswil

Rückreise: Ab Bahnhof Wetzikon mit der S5/S15 nach Zürich

Unsere Route: Bäretswil – Chämtnerwald – Tobelweiher – Kempten – Robenhauserriet – Wetzikon

Landeskarte der Schweiz 1:25 000, Blatt 1092 «Uster» oder Wanderkarte 1:50 000, Blatt 226T «Rapperswil»

Gemütliche Wanderer benötigen 2 h 30 min – das Bad unter dem Wasserfall nicht eingerechnet.

Leicht – geheimnisvolles Waldtobel, steinige Naturwege, nicht Kinderwagentauglich – 168 m bergab

www.trzo.ch
www.industrielehrpfad-zo.ch
Tel. 044 980 02 16
Tel. ZVV 0848 988 988
contact@zvv.ch

Am Chämtnerbach haben sich Kunstschaffende und Handwerker niedergelassen.

Mitte: Kühle Rastplätze an Sommertagen
Unten: Die Vergangenheit ist allgegenwärtig

Fotos: Philline Cruz

Ein im Sommer erquickender Wasserfall, der Grosse Giessen stürzt sich in einen dunklen Felsenkessel mit einem Waldteich – ein beliebter Badeort.

Eine faszinierende Epoche

Die Stauweiher, Druckrohrleitungen und Turbinen, die rund um Bäretswil entstanden waren, erzeugten keine elektrische Energie – diese konnte in der Mitte des 19. Jahrhunderts noch nicht zur Krafterzeugung genutzt werden. Stattdessen übertrugen die Turbinen das Drehmoment mittels Drahtseiltransmission in die Fabrikationsgebäude, sozusagen ein Skilift ohne Bügel.
Beim Bahnhof Bäretswil, wo heute nur noch Dampfzüge halten, verlassen wir den Gelenkbus der Verkehrsbetriebe Zürichisee und Oberland (VZO) und orientieren uns am Wegweiser bei der Brücke über den Aabach. Unser Pfad führt steil die Böschung hinunter und mündet in die Bäretswiler Mühlestrasse, von welcher wir schon nach wenigen Schritten rechts in ein Waldsträsschen abzweigen. Bei der Kläranlage, die sich bereits tief im Tobel befindet, verlassen wir den Hartbelag und wandern nun auf einem Naturpfad immer tiefer in die Waldschlucht hinein. Nachdem wir den Aabach erneut überquert haben, stehen wir plötzlich vor einem mehrstöckigen, eigenartigen Turm. Dieser ist nicht etwa mittelalterlichen Ursprungs, sondern diente im 19. Jahrhundert zur Nutzung der Wasserkraft. Neben dem mittleren Tobelturm gab es noch einen oberen und unteren. Der obere wurde beim Bau der Bäretswiler Kläranlage abgebrochen, der untere konnte zwar voll-

tipp:

Das Werk eines Einzelnen

Adolf Guyer-Zeller (1839-1899) ging als einer der bedeutendsten Bäretswiler in die Geschichtsbücher ein. Der junge Guyer scheute das Risiko nicht und war an allem Neuen interessiert. Bis zu seinem 24. Lebensjahr bereiste der junge Fabrikantensohn die halbe Welt: Kuba, die Südstaaten der USA, Palästina, Ägypten. Nach seiner Rückkehr ins Zürcher Oberland verhalf Adolf Guyer-Zeller der Baumwollspinnerei seines Vaters zu grosser Blüte – die Fabrikationsanlagen in Neuthal wurden zur Energiegewinnung durch ein aus-

geklügeltes System von Wasserkraftwerken mit Staubecken und Druckrohrleitungen ausgebaut. Guyer-Zeller liess von seinen Arbeitern Wanderwege rund um Neuthal erstellen, trieb den Bau der Uerikon–Bauma-Bahn voran und initiierte den Bau der Jungfraubahn im Berner Oberland. Deren Eröffnung und touristischen Siegeszug erlebte er leider nicht mehr. Im Alter von 60 Jahren starb der Industriepionier aus Neuthal.

Der geheimnisvolle Tobelturm in der Waldschlucht diente der Nutzung der Wasserkraft.

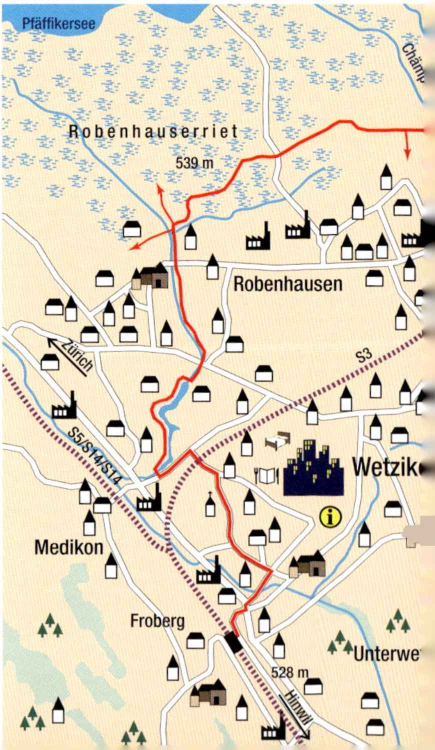

endet aber nie in Betrieb genommen werden. Weitere seltsame Bauwerke entstanden im Tobel zwischen Bäretswil und Wetzikon; zum Beispiel ein Äkquadukt, ein Stollen und der Tobelweiher. Dieser ist heute im oberen Bereich verlandet, was ihn zu einem wertvollen Biotop mit Raum für seltene Pflanzen und Tieren macht. Der Tobelweiher dient längst nicht mehr der Krafterzeugung. Die Leistung der aufwändigen Anlage entsprach in etwa den Pferdestärken eines heutigen Automotors.

Unser Wanderweg führt über die seinerzeit mit Pickeln und Schaufeln erbaute Dammkrone. Nicht menschlichen Ursprungs ist der Wasserfall, welcher über eine Felswand in ein natürliches Wasserbecken plätschert. Auf diese Weise bildet die Naturoase im kühlen Wald einen beliebten Badeplatz, der im Sommer gern genutzt wird. Unser Weg mündet in den Kemptaler Tobelweg, bei der ersten Kreuzung halten wir uns rechts und spazieren an der alten Mühle und vielen Handwerksbetrieben vorbei zur Hauptstrasse. Diese ist rasch überquert, danach folgen wir weiter dem Chämtnerbach und gelangen zu einem ganz anderen Landschaftstyp – dem schattenlosen Robenhauserriet, das dem Pfäffikersee vorgelagert ist. Wir folgen den Wegweisern und gelangen in einem grossen Bogen zurück zum Bahnhof Wetzikon.

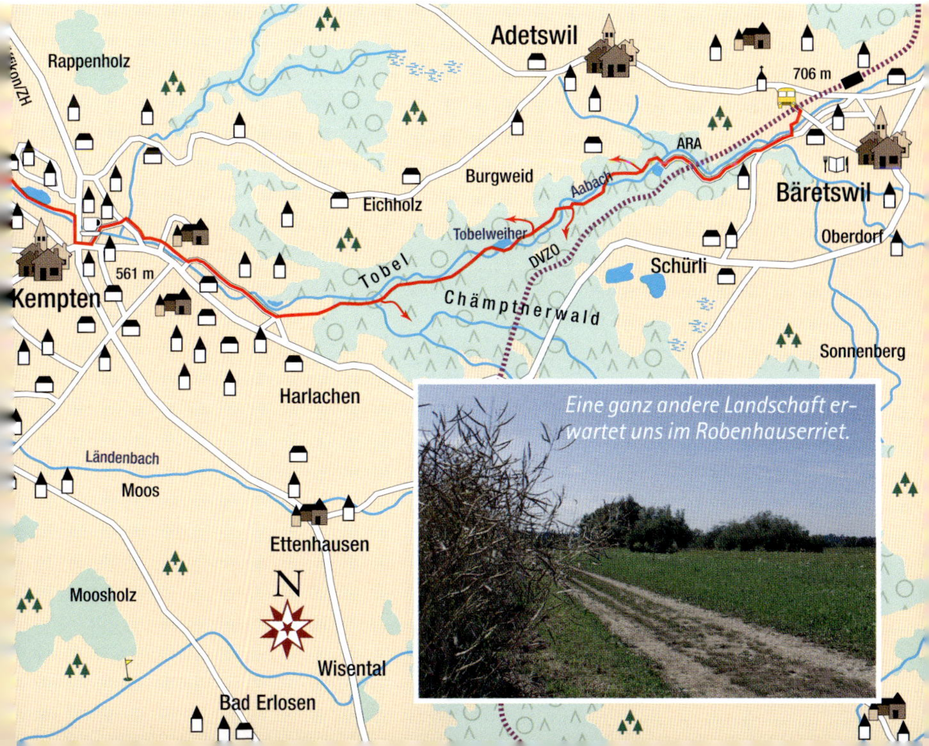

Eine ganz andere Landschaft erwartet uns im Robenhauserriet.

Zürcher Oberland:
Bäretswil – Oberhittnau

19

Fernsicht inklusive

Zwischen Bäretswil und Oberhittnau erhebt sich ein waldiger Hügel – ideal für eine kleine Wanderung. Wer noch nie auf dem Rosinli war, sollte das schnellstmöglich nachholen. Denn nebst einem wunderbaren Panorama bietet der Aussichtspunkt eine 35 Meter lange Rutschbahn für die Kinder und ein Restaurant zur Stärkung. Doch wieso gibt es dort keine Rosinen zu essen?

ZVV EIN TICKET FÜR ALLES

Anreise: S5/S15 Zürich–Wetzikon, weiter mit dem Bus 851 Richtung Adetswil bis zum Bahnhof Bäretswil

Rückreise: Ab Oberhittnau mit Bus 835 nach Pfäffikon ZH, weiter mit der S3 nach Zürich

Unsere Route: Bäretswil – Engelsteinstrasse – Adetswil – Rosinli – Wilen – Oberhittnau

Landeskarte der Schweiz 1:25 000, Blatt 1092 «Uster» oder Wanderkarte 1:50 000, Blatt 226T «Rapperswil»

Zügige Wanderer benötigen 1 h 30 min – der «Rutsch»-Aufenthalt auf dem Rosinli nicht miteingerechnet.

Am Anfang bergauf, teils Wurzeln und schmale Wege – 128 m bergauf, 160 m bergab

www.trzo.ch | www.rosinli.ch
Tel. 044 980 02 16
Tel. ZVV 0848 988 988
contact@zvv.ch

Die Teppichrutschbahn auf dem Rosinli ist für Kinder der Höhepunkt der Wanderung.

Mitte: Zwei Kälblein beim Bauernhof Wilen
Unten: Eine eingebuschte Villa in Bäretswil

Fotos: Lukas Fischer

Die Terrasse des Berggasthauses Rosinli lädt zum Verweilen ein. Von hier aus bietet sich ein wunderschönes Panorama auf den Pfäffiker- und Greifensee.

Mit oder ohne Rosinenkuchen auf dem Rosinli

Ob es auf dem Rosinli tatsächlich auch Rosinen gibt, ist der Dessertkarte des heutigen Wirtepaars zu entnehmen. Wie man vermuten könnte, stammt der Name aber nicht von einem hauseigenen Kuchen, dem viele Rosinen beigemischt waren, sondern eine frühere Wirtin des Restaurants hiess angeblich Rosine – und nach ihr wurde der Ort benannt.

Das ländliche Bäretswil rückt näher an die Stadt, jedenfalls sind in den letzten Jahren viele Häuser rund um das Zürcher Oberländer Dorf entstanden. Unser erster Gang nach dem Verlassen des Gelenkbusses der VZO (Verkehrsbetriebe Zürichsee und Oberland) führt in ein Gebiet, in welchem in den letzten zwei Jahrzehnten zahlreiche neue Häuser entstanden sind. Wir überqueren bei der katholischen Kirche die Kreuzung und spazieren entgegen den Empfehlungen des Wegweisers geradeaus weiter die Engelsteinstrasse hinauf. Wir durchqueren ein hübsches Quartier mit teils stattlichen Villen, dies ist allemal schöner als der vielbefahrenen Adetswilerstrasse weiter unten zu folgen. Unser wegweiserloser Abstecher führt direkt in die Zufahrtsstrasse zum Ausflugsrestaurant Rosinli. Dieser folgen wir nicht lange, schon bald nehmen wir den Wanderweg, der steil hinauf durchs Chatzetöbeli führt. Dabei gewinnen wir rasch an Höhe und entdecken bei klarer

19

Oben: Die katholische Kirche von Bäretswil sehen wir am Anfang der Wanderung.
Unten links: Moderne Villa in Bäretswil   Unten rechts: Terrasse des Rosinli-Restaurants

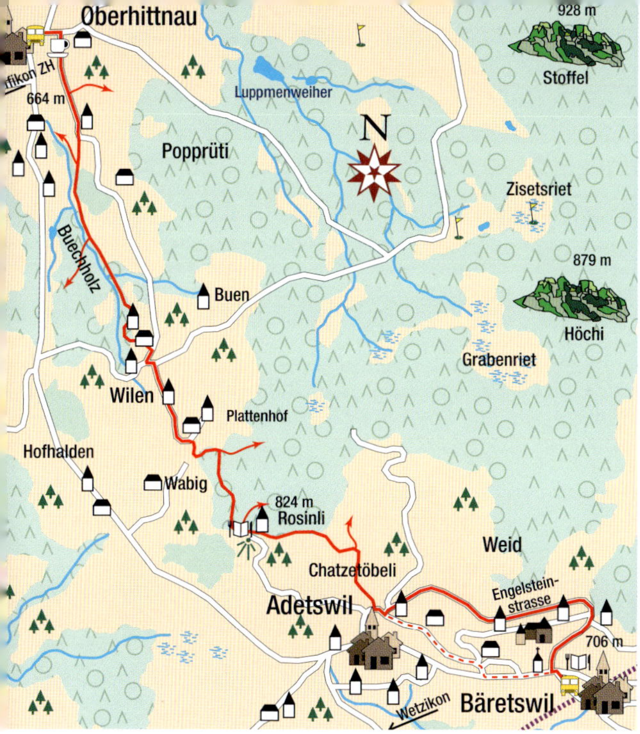

Sicht die Alpen. Ein Naturpfad bringt uns durch den Wald bis zum Rosinli auf 824 m ü. M. Am beliebtesten sind die Tische und Bänke in der vordersten Reihe, quasi die Logenplätze mit dem schönsten Blick auf den Pfäffiker- und Greifensee sowie die Glarner- und Zentralschweizer Alpen. Sogar die vergletscherten Gipfel im Berner Oberland können von blossem Auge ausgemacht werden. Wo Berge und Hügel sich erheben, gibt's auch immer Wege, die wieder hinunterführen. Allerdings müssen wir uns zunächst für den richtigen Weg entscheiden. 35 Minuten sollen es gemäss dem gelben, etwas versteckt angebrachten Wegweiser bis Oberhittnau noch sein. Fast erscheint uns dies zu kurz, nehmen wir es also gemütlich und setzen uns irgendwo noch in die Wiese, um das wunderschöne Panorama zu geniessen. Dies können wir zum Beispiel südlich des Plattenhofs, wo wir am Waldrand bergab gehen. Wir erreichen die Zufahrt zum Bauernhof und spazieren nun auf Hartbelag weiter zum Weiler Wilen. Wir kreuzen die etwas breitere Strasse und setzen unseren Weg durch das Buechholz fort. Bis zu den ersten Einfamilienhäusern von Oberhittnau durchqueren wir ein stilles Waldtal, bei der nächsten Verzweigung wandern wir nochmals leicht bergauf und erreichen bei der Kirche das «Dorfzentrum». Bis zur Bushaltestelle ist es nur noch ein «Katzensprung».

Zürcher Oberland: Rundwanderung Sternenberg

20

Im Zürcher Emmental

Ist der Himmel in der Nacht klar, so scheint es, als wären die Sternenberger dem Firmament mit seinen Sternen wirklich ein gutes Stück näher als die umliegenden Talbewohner. Wer im höchsten Zürcher Dorf auf 870 m ü. M. lebt, ist allerdings kein Nachtschattengewächs. Hier lebt man mit der Natur und der herrlichen Aussicht – und weniger mit den Attraktionen der Stadt.

Anreise: Mit der S5/S15 nach Wetzikon, weiter mit dem ZVO-Bus 850 nach Bauma und von dort mit dem kleinen Postauto bis Sternenberg

Rückreise: Auf dem gleichen Weg

Unsere Route: Sternenberg – Rietli – Wolfenzädel – Rossweid – Langfuri – Höhstock – Musterplatz – Choltobel – Sternenberg

Landeskarte der Schweiz 1: 25 000, Blatt 1093 «Hörnli»

Für die Rundwanderung in Sternenberg benötigen wir ca. 1 h 30 min (reine Wanderzeit).

Mittelschwer – nicht überall eindeutig markiert, Mitnahme einer Karte erforderlich, im Choltobel steil – 173 m bergauf und bergab

www.sternenberg.ch
Tel. ZVV 0848 988 988
contact@zvv.ch

Wir wandern meist auf Feldwegen und über blumenreiche Wiesen.

Mitte: Sternenberg ist auch im Winter schön. Unten: Bergland mit Hügeln und Tobeln

Fotos: Ronald Gohl

Oberhalb Sternenberg haben wir auf 908 m ü. M. den höchsten Punkt unserer Wanderung erreicht – ein Augenblick des stillen Verweilens drängt sich auf.

«Höger» und «Chrächen»

Die Landschaft rund um Sternenberg hat einiges mit dem Berner Emmental gemeinsam. Beide Gebiete werden durch die Hügellandschaft mit Wiesen, Weiden und dunklen Tobeln geprägt. Wie im Emmental leben auch die Landwirte in einem der östlichsten Zipfel des Kantons von der Viehzucht – und wie in der Berner Charakterlandschaft bedecken Nadelwälder die «Höger» und «Chrächen».

Schon die Anreise mit dem kleinen Postauto von Bauma nach Sternenberg ist ein Erlebnis, speziell wenn sich an schönen Sonntagen so viele Wanderer in den Bus drängen, dass dieser nur noch im Schritttempo die zahlreichen Kehren hinauf nach Schindlet und Sternenberg nehmen kann. Oben angekommen, bietet sich uns ein berauschendes Panorama. In jüngster Zeit sind einige naturliebende Familien hierhergezogen, so dass es auch in der höchstgelegenen Schule mit der schönsten Aussicht im ganzen Kanton lebhaft zu und her geht.

Bei der Kirche in Sternenberg, wo das Postauto hält, orientieren wir uns über die Wandermöglichkeiten: Habrüti, Sternsberg und Äberliswald heissen die drei Rundwege, die bei der Kirche ihren Ausgangspunkt haben. Wir kombinieren Habrüti mit Äberliswald, die mit grün und rot markiert sind. Der Wanderweg führt bei der

Das Zürcher Oberländer Hügelland mit seinen einsamen Höfen erinnert etwas ans Emmental (oben), die Sternenberger Kirche eher ans Berner Oberland (unten).

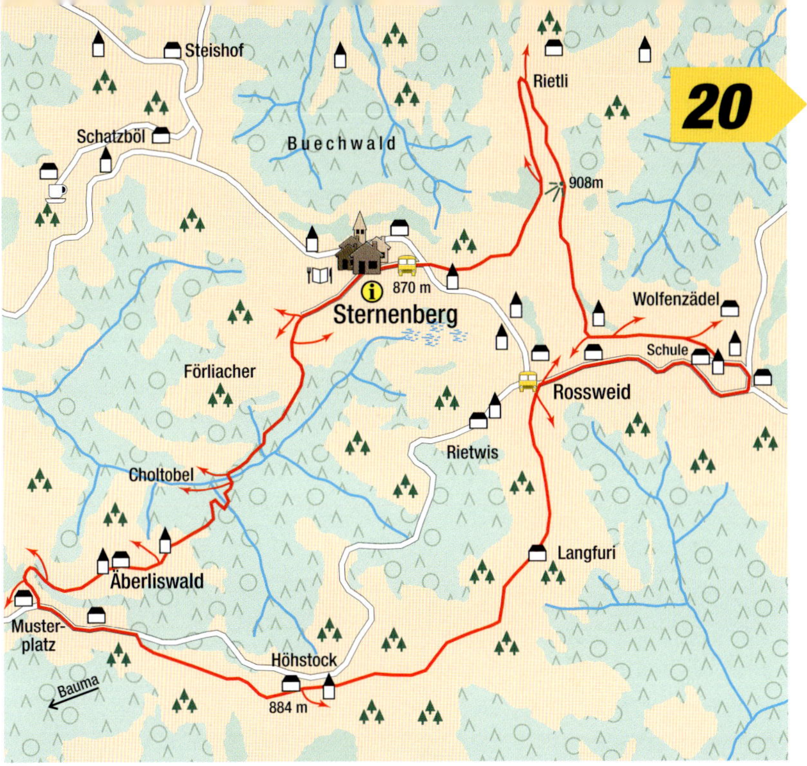

Kirche links hinauf am neuen Wohnblock aus Holz vorbei ins Rietli, wo wir um 180 Grad rechts Kehrt machen und nach wenigen Schritten den höchsten Punkt unserer Rundtour erreichen. Dieser Aussichtspunkt ist so schön, dass wir gerne die Ruhebank unter dem schattigen Baum in Anspruch nehmen. Südlich von Wolfenzädel steigen wir nicht, wie der Rundweg es empfiehlt, direkt zur Strasse ab, sondern machen noch einen kleinen Umweg über die Schule und spazieren anschliessend auf Hartbelag zurück zur Verzweigung bei der Rossweid. Hier nehmen wir den Wanderweg, der kurz, aber steil hinauf nach Langfuri führt. Keine Sorge, es gilt auf diesem Teilstück nur 35 Höhenmeter zu überwinden. Unser Wanderweg schlängelt sich südlich der wenig befahrenen Strasse über Höhstock Richtung Musterplatz. Ein kleines Stück gehen wir wieder auf Hartbelag, doch schon nach wenigen Schritten zweigen wir rechts ab und steigen zu den Häusern von Äberliswald ab. Im bewaldeten Choltobel überqueren wir das gurgelnde Bächlein, danach müssen wir den steilen Aufstieg von insgesamt 100 Höhenmeter in Angriff nehmen. Bei der Kirche erreichen wir nach rund eineinhalb Stunden Wanderzeit wieder unseren Ausgangspunkt. Bis zur Abfahrt des Postautos bleibt noch etwas Zeit, um uns auf der gemütlichen Terrasse des «Sternens» zu verpflegen.

Zürcher Oberland: Sitzberg – Wila

21

Nebelarm und ländlich

Schmidrüti und Sitzberg sind zwei zürcherische Weiler, versteckt im hügeligen Hinterland mit einigen wenigen Häusern. Doch immerhin: Eine wunderschön gelegene Schule gibt es in dieser abgelegenen Gegend an der thurgauischen Grenze – die Schüler werden, wie zu Gotthelfs Zeiten, in einer Gesamtschule unterrichtet – d.h. mehrere Klassen in einem Zimmer.

ZVV EIN TICKET FÜR ALLES

Anreise: Mit der S26 von Winterthur oder Rapperswil bis Wila, weiter mit einem kleinen Bus bis zum Sternen in Sitzberg

Rückreise: Ab Wila mit der S26 nach Winterthur oder Rapperswil

Unsere Route: Sitzberg – Ensberg – Büel – Berg – Chäfer – Wila

Landeskarte der Schweiz, Wanderkarten 1: 50 000, Blätter 216 T «Frauenfeld» und 226 T «Rapperswil»

Ohne Pausen und mit zügigem Tempo ist diese Wanderung in zwei Stunden zu schaffen.

Mittelschwer – gute Markierung. Das letzte Teilstück führt im Wald steil bergab – 67 m bergauf, 289 m bergab

www.trzo.ch
Tel 044 980 02 16
Tel. ZVV 0848 988 988
contact@zvv.ch

Geniessen wir die idyllische Umgebung und die wunderbare Aussicht auf dem Sitzberg.

Oben: Ausblick vom Sitzberg ins Chatzental
Unten: Kleine Kiesinseln in der Töss

Fotos: Lukas Fischer

Auf unserer Wanderung durchqueren wir einige kleine Weiler wie zum Beispiel Bühl. Es ist schwer zu glauben, dass man mit dem ÖV überhaupt hierhin gelangt.

Fernab der Stadt ticken die Uhren anders

Der Weiler Sitzberg gehört wie Schmidrüti zu Turbenthal, der flächenmässig drittgrössten Gemeinde im Kanton Zürich. Auf 2507 Hektaren wohnen gerade mal 4154 Einwohner. Im Vergleich dazu leben in der Stadt Zürich auf 9188 Hektaren mehr als 367 000 Menschen. 92 Prozent des Turbenthaler Bodens wird landwirtschaftlich genutzt. Die Gegend ist ländlich, nebelarm und hügelig. Obwohl uns eine attraktive Landschaft mit einem herrlichen Panorama über die Hügelzüge des Zürcher Oberlandes und bis weit ins Thurgau hinein erwartet, gilt die Wanderung von Sitzberg nach Wila noch als Geheimtipp. Besonders unter der Woche trifft man ausser den einheimischen Bauern kaum jemanden an.
Unser Bus, der von Wila über eine kurvenreiche Strasse hinauf nach Sitzberg fährt, hält beim Sternen, einem typischen Landbeizli. Wer will, kann sich vor der gut zweistündigen Tour noch etwas stärken. Wir spazieren an der schmucken Bergkirche mit ihrer Barockorgel aus dem Jahr 1743 vorbei, halten uns bei der einzigen Strassenverzweigung rechts und folgen beim nächsten Bauernhaus dem Wanderwegweiser links hinauf in den Wald. Nun geht's praktisch eben und parallel zu der unter uns verlaufenden Strasse dem Waldrand entlang. Dabei können wir den rechten Fuss auf den Boden des Kantons Thurgau und den linken Fuss auf jenen des Kantons

Zürich stellen. Bleiben wir noch etwas in Zürich; schon nach wenigen Schritten verschluckt uns ein dunkler Wald und ohne es zu merken stehen wir plötzlich unterhalb dem Ensberg, dessen Gipfel mit 860 m ü. M. die umliegenden Hügel überragt. Ein kurzer Blick ins sanft gewellte Hügelland, dann hat uns das dichte Blätterdach wieder. Bei Büel spazieren wir ein kurzes Stück auf der Zufahrtsstrasse nach Sitzberg, verlassen diese aber schon nach wenigen Metern wieder, indem wir links abzweigen und zum Weiler Berg hinuntermarschieren. Hier ticken die Uhren anders: die Stadt ist fern, das Landleben nah und die Themen, für die sich die Menschen interessieren, drehen sich meist um den Kuhstall oder die neusten Maschinen für Wiese und Hof. Wer eine Phobie vor bellenden oder freilaufenden Hunden hat, sollte sich im Wald rechtzeitig mit einem Stock «bewaffnen». Bellende Hunde beissen nicht, sagt das Sprichwort, und so kommen wir hoffentlich ungeschoren am Weiler vorbei. Beim Chäfer-Hof geniessen wir den Blick übers obere Tösstal bis hinauf zum Hörnli, bevor wir uns für den steilen Abstieg durch den Wald wappnen. Den Stock haben wir hoffentlich noch nicht weggeworfen, denn dieser dient nun als ideale Stütze. Der Weg ist mancherorts nur noch ein Pfad und so sind wir ganz froh, dem Wald zu entrinnen, die Tösstaler Ebene und die Töss zu überqueren und beim Bahnhof auf den nächsten Zug zu warten. Wenn dieser auf sich warten lässt, lohnt sich ein Rundgang durchs Dorf. Sehenswert ist die Kirche, der markante Riegelbau Zur Alten Post und verschiedene Flarzhäuser.

Oben: Das Sägewerk in Wila liegt am Weg
Mitte: Gepflegte Bauerngärten in Sitzberg

tipp:

Schwimmbad Neuguet

Wer mit Kindern unterwegs ist, wird die Möglichkeit schätzen, ausserhalb von Wila ins kühle Nass des Schwimmbads Neuguet zu springen. Mit diesem «Zückerchen» lassen sich auch Kinder für die abenteuerliche Wanderung begeistern. Nebst einem 50 Meter langen Schwimmbecken erwartet die Badegäste auch ein Bistro, ein Beachvolleyballfeld und ein Kinderspielplatz.
Wir erreichen das Schwimmbad Neuguet, wenn wir an der Töss dem Uferweg folgen. Nachdem wir die Bahnlinie und Hauptstrasse ge-

quert haben, entdecken wir das Schwimmbad. Anschliessend können wir zurück nach Wila oder weiter zum Bahnhof Turbenthal wandern (zusätzlicher Zeitaufwand ca. 1 h reine Marschzeit für den Hin- und Rückweg) Die Badi ist von Mitte Mai bis September zwischen 9.00 und 20.00 Uhr täglich geöffnet.

Schwimmbad Neuguet
Tel. 052 385 15 00
www.schwimmbad-neuguet.ch

Zürcher Oberland: Erlebnisweg Wildberg

22

Mit Freddy Fratzel im Wald

Nebst einer schönen Landschaft und ruhigen Lage hatte die etwas abgelegene Gemeinde Wildberg lange Zeit nichts zu bieten. Doch seit Freddy Fratzel, der Tausendfüssler, seine Lieblingssocke verloren hat, ist auf dem 2008 errichteten Erlebnisweg viel los. Alle Sinne muss man anwenden, um das Rätsel der gestreiften Socke zu lösen. So erlebt man auf spielerische Art die Natur.

ZVV EIN TICKET FÜR ALLES

Anreise: Von Zürich mit der S3 bis Fehraltorf oder von Winterthur mit der S26 bis Turbenthal, weiter mit dem Bus 820 bzw. 825 bis Wildberg-Post

Rückreise: Auf dem gleichen Weg zurück

Unsere Route: Wildberg – Hintereggen – Neuhof – Läntschen – Langenmatt – Ehrikon – Stafelhof – Wildberg

Landeskarte der Schweiz 1:25 000, Blatt 1092 «Uster»

Die reine Wanderzeit beträgt 1 h 30 min. Mit den Pausen an den Posten benötigt man bis zu 3 h.

Mittelschwer – breite, unbefahrene Wege durch idyllische Landschaft – 120 m bergauf und 120 m bergab

www.erlebnisweg.ch
Tel. ZVV 0848 988 988
contact@zvv.ch

Am Start der Wanderung rüsten wir uns mit Karte, Wettbewerbsfragen und Infos aus.

Mitte: Villenquartier an unserem Wanderweg
Unten: Es gibt viel zu entdecken unterwegs.

Fotos: Lukas Fischer

Links: Durch die Idyllische Landschaft führt ein abenteuerlicher Weg.
Rechts: Die neugierigen Ziegen des Bauern vom Stafelhof beobachten die Wanderer.

Sockenmemory und Bauernhöfe

Die Socke von Freddy Fratzel ist verschwunden! Dabei war es seine Allerliebste. Der kleine Tausendfüssler macht sich mit Rucksack und Plüschtier auf den Weg in den Wald um sie zu suchen. Ob er es schafft und was er unterwegs alles entdeckt, erfahren wir auf dem Erlebnisweg Wildberg. Zum Start des Rundgangs finden wir, wenn wir von der Bushaltestelle aus an der Kirche vorbei und die Luegetenstrasse entlang bergauf gehen. Hier findet sich eine Infowand zum Weg, ausserdem sind Flyer mit Wanderkarte und Wettbewerbsfragen aufgelegt. Mit beidem ausgerüstet, starten wir unsere Wanderung und verlassen das Dorf entlang den Wegweisern in Richtung des höher gelegenen Waldes.
Gebaut wurde der Pfad, der sich an Familien mit jüngeren Kindern richtet, von vier ansässigen Familien, die sich zu diesem Zweck erst zu einer Interessensgemeinschaft und schliesslich zu einem Verein zusammengeschlossen haben. Dank vielen Sponsoren und der Fronarbeit der Oberstufenschüler Turbenthal entstand innerhalb von zwei Jahren der Erlebnisweg mit insgesamt neun Posten. Auf diesem Weg sind alle unsere Sinne gefordert. Die Geschichte um Freddy Fratzel mit den verschiedenfarbigen Socken entstand bei einem kreativen Geschichtenwettbewerb an der Primarschule in Wildberg.

Am Waldrand angekommen, erwartet uns der Fühlposten. In einem farbigen Bild von Freddy sind verhüllte Löcher eingelassen, die verschiedene Dinge aus dem Wald beherbergen. Durch mutiges Hineinlangen ertasten wir unter anderem Kastanien, Steine und Buchennüssli. Nach einem kurzen Marsch durch den Wald erreichen wir schon den zweiten Posten. Hier ist Gleichgewicht gefragt. Es gilt, über einen umgefallenen Baumstamm zu balancieren. Zu den Highlights gehören jedoch die Föhrenzäpflibahn, die Hängebrücke und das Sockenmemory.
Zwischen den Posten wird es uns auch nicht langweilig, denn wir wollen natürlich die Fragen für den Wettbewerb beantworten. Zum Beispiel (Sommer 2010) müssen wir dafür all die Sachen, die Freddy Fratzel auf seinem Weg gesehen hat, finden und aufs Wettbewerbsblatt eintragen. Jedes Jahr im September werden beim Erlebnisweg-Jahresfest auf der Luegeten die Gewinner des Wettbewerbs bestimmt.

Unser Weg führt erst durch den Wald, dann vorbei am Neuhof via Läntschen zum Langenmatthof. Hier ist wichtig, dass wir die Tiere in Ruhe lassen, denn der Hof gehört nicht zum Erlebnisweg und soll nur passiert werden. Nach einem Abstecher durch das Dorf Ehrikon, welches auch zur Gemeinde gehört, und durch seinen Beck bekannt ist, wandern wir über den Stafel und erreichen den Dorfeingang Wildbergs. Wenn wir nun der Schulhausstrasse folgen, kommen wir direkt zur Bushaltestelle. Um die Wettbewerbskarte beim Ausgangspunkt einzuwerfen, halten wir uns an die Wegweiser-Richtung und machen einen kleinen Umweg.

Unterwegs beim Stafelhof, der zwischen Ehrikon und Wildberg liegt.

Am Fühlposten müssen wir wie Freddy in der dunklen Höhle auf unsere Augen verzichten.

Pack die Badehose ein!

Auch wenn wir auf dieser Route durch das Weinland kaum an Rebbergen vorbeikommen, so hat die Wanderung doch einiges zu bieten: Malerische Riegelhäuser, grüne Wälder und Wiesen und ein idyllischer Badesee zeigen uns, wie schön ländlich es im Kanton Zürich sein kann. Man findet hier Entspannung und Ruhe unweit des pulsierenden Stadtlebens.

ZVV EIN TICKET FÜR ALLES

Anreise: Von Winterthur mit der S29 nach Ossingen

Rückreise: Von Marthalen-Dorf mit dem Bus nach Marthalen-Bahnhof, weiter mit der S33 nach Winterthur

Unsere Route: Ossingen – Berg – Uf Wil – Husemersee – Musterplatz – Oerlingen – Mederhalden – Obermüli – Marthalen

Landeskarte der Schweiz 1:25 000, Blatt 1052 «Andelfingen»

In gemütlichem Tempo ist diese Wanderung in 2 h zu meistern.

Leicht – die flachen Kieswege sind ideal für einen leichten Spaziergang – 33 m bergab

www.marthalen.ch
Tel. 052 305 44 44
Tel. ZVV 0848 988 988
contact@zvv.ch

Eines von vielen schönen Riegelhäusern, welche das schmucke Dorf Marthalen zieren.

Oben: Idyllischer Badesteg am Husemersee
Unten: Liebevoll angelegter Oerlinger Garten

Fotos: Ronald Gohl

Das Dorf Marthalen ist bekannt für seine schmucken Riegelhäuser. Manche behaupten, es sei eines der schönsten Dörfer der Schweiz.

Plätschernde Brunnen, prachtvolle Riegelhäuser

Noch gibt es einige Zürcherinnen und Zürcher, die nicht so recht wissen, wo sie das Weinland auf der Landkarte finden sollen. Dabei sind die wunderschönen Dörfer, die Rebberge und das flache Land mit Wäldern, Seen und weiten Feldern geradezu prädestiniert für erlebnisreiche Wanderungen. Für viele ist das Weinland auch ein attraktiver Wohnort geworden, denn mit den öffentlichen Verkehrsmitteln des ZVV (Bus und S-Bahn) ist man im Nu in den umliegenden Agglomerationen von Schaffhausen, Winterthur und Zürich.

Auf einer schönen Wanderung von Ossingen über Oerlingen nach Marthalen lernen wir einen kleinen Teil des bezaubernden Weinlandes besser kennen. Selbst die Zugfahrt mit dem modernen, klimatisierten Thurbo-Gelenktriebwagen von Winterthur an unseren Ausgangspunkt ist ein Genuss. Am Bahnhof von Ossingen folgen wir dem Wegweiser, der uns durch ein Wohnquartier sogleich aufs freie Feld führt. Wir überqueren die eingleisige Bahnlinie und kommen am Weingut von Hans Wiesendanger vorbei. Auf seinem sieben Hektaren grossen Rebanbaugebiet mit dem Hof Berg gedeihen die Weinsorten Blauburgunder, Chardonnay und Pinot gris. Die gelben Wegweiser dirigieren uns über Uf Wil zur Seenlandschaft im Riet. Neben dem Husumersee verbergen sich hinter Schilf und

Gebüsch eine ganze Reihe von kleinen Weihern und Tümpeln, Lebensraum für zahlreiche Amphibien, Insekten, Vögel und seltene Pflanzen. Das Gebiet steht deshalb auch seit vielen Jahren unter Naturschutz. Badehose, Badetuch, Sonnencreme und Cervolat eingepackt? Am Husemersee mit Feuerstellen locken zwei Holzstege für eine willkommene Abkühlung. Noch gilt der Badesee als Geheimtipp, zumal er mit dem Auto nicht gut zu erreichen ist. Velos und Wanderschuhe gelten als geeignetere Fortbewegungsmittel, um die urwüchsigen Ufer zu erkunden.
Nach dem vielen Licht am Wasser folgt ein dunkler Waldspaziergang. Hinter zwei Kreuzungen beginnt ein schnurgerader Weg, der uns zur Hauptstrasse bringt. Nachdem wir diese vorsichtig überquert haben, wandern wir über das freie Feld nach Oerlingen. Dort ist während des Ausbaus der A4 auf vier Fahrspuren mit Umleitungen zu rechnen. Einige Schritte nach dem 1825 erbauten «Türmlihaus» biegen wir links in den Chilchweg ein und schlendern schon bald wieder schattenlos über freie Felder bis zur Bahnlinie der S33 Winterthur–Schaffhausen. Eine Treppe führt in die Unterwelt oder genauer gesagt in einen dunklen Tunnel unter dem Bahndamm hindurch. Auch der Niderbach zwängt sich durch den engen Stollen. Auf der anderen Seite empfängt uns eine typisch ländliche Bachlandschaft, der wir bis zur Obermüli in Marthalen folgen. Die Zeit für einen Rundgang durch das schmucke Weinländer Dorf Marthalen vor der Abfahrt des Postautos muss einfach sein – denn wer die Riegelhäuser und plätschernden Brunnen nicht gesehen und fotografiert hat, verpasst ein denkmalgeschütztes Juwel.

Leicht begehbarer Kiesweg beim Husemersee – und das Gemeindehaus Marthalen

tipp:

Husemersee

Nordwestlich von Ossingen liegt der Husemersee. Er ist in der Eiszeit entstanden und Teil eines Naturschutzgebiets, seit 1994 gehört er auch zu den Flachmooren von nationaler Bedeutung. Im Wasser tummeln sich Zander, Egli, Schleie, Läugel und viele weitere Fischarten, deren Bestand auf natürliche Weise bestehen bleibt. Zwei Drittel des Sees dienen den Fischern, die eben genannte Tiere an Land ziehen, der Rest ist reserviert für die Badegäste. Weil der See ziemlich abgelegen ist, kann man in Ruhe die Natur und die idyllische Landschaft geniessen. Eine Liegewiese lädt zum Sonnen ein und die Bäume am Ufer bieten schattige Zuflucht vor der Hitze. Zudem ist es hier möglich zu grillen. Ein kleiner, schöner See mitten in einer Naturidylle – perfekt für alle, die den weiten Weg nicht scheuen.

Weitere Infos: www.badi-info.ch/husemersee.html

Weinland:
Trüllikon – Andelfingen

24

Im Zürcher Weinhimmel

Das Schiterberger Himmelsleiterli gilt als markantester Zürcher Weinberg. Gut 40 Meter hoch ist das Rebanbaugebiet, das nördlich von Andelfingen auf einer Länge von 1,4 Kilometern in einem Halbbogen das Thurufer säumt. Die 118 Stufen, die geradewegs in den Zürcher Weinhimmel führen, sind allerdings den Winzern vorbehalten und für Wanderer tabu.

ZVV EIN TICKET FÜR ALLES

Anreise: Von Winterthur mit der S33 bzw. S12 und dem Postauto via Marthalen oder Ossingen nach Trüllikon

Rückreise: Von Andelfingen mit der S33 nach Winterthur

Unsere Route: Trüllikon – Zilwis – Weier – Oerlingen – Höhag – Hardwald – Grueben – Kleinandelfingen – Andelfingen

Landeskarte der Schweiz 1:25 000, Blatt 1052 «Andelfingen»

In weniger als 1 h 45 min sollte diese Wanderung bei gemächlichem Tempo zu schaffen sein.

Leicht – Feld-, Kies- und Waldwege, wenige geteerte Strässchen – 71 m bergab

www.trüllikon.ch
Tel. 052 319 13 29
Tel. ZVV 0848 988 988
contact@zvv.ch

Auf Magerwiesen, d.h. auf nicht bewirtschafteten Wiesen, wachsen seltene Pflanzen.

Mitte: Oerlinger Kühe beim Wiederkauen
Unten: Das Schiterberger Himmelsleiterli

Fotos: Ronald Gohl

Dieses schmucke Trüllikoner Fachwerkhaus steht an der Ecke Andelfingerstrasse/ Schlossgasse – also direkt an unserem Wanderweg.

Vom Weinberg zur Magerwiese

Obwohl es bei den Landwirtschafts- und Weinbaubetrieben des Weinlands zahlreiche Arbeitsplätze gibt, ist der Ausländeranteil in den Zürcher Landgemeinden gering. So zählt auch Trüllikon nur 63 Ausländer auf 950 Schweizer. Ob es daran liegen mag, dass die ausländische Bevölkerung das urbane Leben bevorzugt? Zwar ist in Trüllikon und den umliegenden Gemeinden nicht viel los, dafür kann das Zürcher Weinland landschaftlich punkten. Ein sanftes, welliges und sonniges Hügelrelief erwartet die Besucher. Allgegenwärtig sind die Weinberge. Die Weinbaugenossenschaft bewirtschaftet in Trüllikon die Reben am Südhang des Chropf, der sich gleich hinter dem Dorf erhebt.
Die Bushaltestelle des Postautos, das vom Bahnhof Marthalen (S33) zum Bahnhof Ossingen (S12) fährt, befindet sich unmittelbar bei der Gemeindeverwaltung. Die Hauptstrasse interessiert uns nicht, deshalb biegen wir gleich in die Schlossgasse ein, die in einem rechten Winkel zur Andelfingerstrasse führt. Wir kommen an einem vorbildlich restaurierten Fachwerkhaus vorbei und folgen dem Wegweiser in die Kirchgasse. Rund eineinhalb Stunden soll die Wanderung über Oerlingen nach Andelfingen dauern. Wer es gemütlich nimmt, rechnet noch eine Viertel- bis eine Halbestunde dazu. Beim zweiten Querweg halten wir uns rechts und spazieren

Bei Andelfingen wandern wir am Thurufer, das gegen das Hochwasser gesichert wurde.

tipp:

Wein im Weinland

Der Kanton Zürich gilt als bedeutendster Deutschschweizer Weinbaukanton. Obwohl die Reben der Kälte, dem Nebel und dem Wind ausgesetzt sind, wie sonst nirgends in der Schweiz, gedeihen die Rebstöcke gut und erfreuen sich bei den Weinkennern grosser Beliebtheit. Die Zürcher Weingüter können auf eine lange und grosse Tradition zurückblicken. Ob Landolt Weine, das Weingut Schloss Goldenberg oder die Staatskellerei Zürich – häufig werden die Betriebe schon in der zweiten, dritten oder gar vierten Generation einer Familie geführt. In 22 Gemeinden des Bezirks Andelfingen stehen Reben auf einer Fläche von insgesamt 223,1 Hektaren. Wohl am meisten angebaut wird im Zürcher Weinland die weisse Rebe «Riesling-Silvaner», sie stellt bezüglich Bodenbeschaffenheit und Klima nur geringe Ansprüche und die früh reifenden Trauben erlauben grosse Erträge. Berühmt ist auch der Pinot Noir, ein fruchtig-beeriger Blauburgunder.

Infos: www.zuercherwein.ch

schon bald dem Niderbach entlang über Zilwis nach Oerlingen. Einmal überqueren wir auf einem schmalen Steg ein von Bäumen und Büschen überdecktes Bachbett, ein anderes Mal entdecken wir am Wegrand eine Magerwiese mit reicher Flora. Kurz vor der A4 heisst es aufgepasst, denn während dem Ausbau der Autobahn auf vier Spuren muss mit Umleitungen gerechnet werden. Es gibt mehrere Wege, die unter der A4 hindurch in den Ortskern von Oerlingen führen. Oerlingen ist eines der wenigen Dörfer im Weinland, wo keine Reben wachsen. Ackerbau und Viehwirtschaft bestimmen den Alltag der Bauern. Wir wenden uns nach links und gehen bis zur Verzweigung Schaffhauserstrasse/Attenerstrasse. Hier entdecken wir den nächsten gelben Wegweiser, der uns nach Andelfingen weist. Ein kurzes Stück geht's bergauf, danach spazieren wir über eine Anhöhe und schliesslich tauchen wir in das Blätterdach des Hardwaldes ein. Die Abkühlung an heissen Sommertagen ist nur von kurzer Dauer. Nachdem wir das Bahntrassee unterquert und die Hauptstrasse überquert haben, weist ein letzter schmaler Waldpfad direkt zum Schiterberger Himmelsleiterli. Der Wanderweg führt steil bergab an den Rebterrassen vorbei bis zu den Maisfeldern bei Grueben. Auf dem letzten Teilstück bis Kleinandelfingen begleitet uns die Thur. Weil die ufernahen Siedlungsbereiche durch das Hochwasser gefährdet sind, bauten die Andelfinger Mauern und senkten die Thursohle ab. Wir gehen durch die alte Holzbrücke von 1814 hinauf ins Dorf Andelfingen, wo uns stolze Riegelhäuser erwarten.

Der mächtigste Wasserfall

Oft wird der Rheinfall als mächtigster Wasserfall Europas gepriesen. Das ist nicht ganz richtig, denn der Gullfoss und Dettifoss in Island führen noch mehr Wasser. Nach dem fernen Island reist man aber selten, der Rheinfall vor der Haustür der Stadt Schaffhausen lässt sich dagegen problemlos besuchen. Und die gigantischen Wassermassen beeindrucken garantiert jeden.

ZVV EIN TICKET FÜR ALLES

Anreise: Von Winterthur nehmen wir die S33 Richtung Schaffhausen, sie hält unmittelbar am Rheinfall beim Schloss Laufen.

Rückreise: S33 ab Schloss Laufen

Unsere Route: Schloss Laufen – Rheinfall – Uferweg – Nohl – Schloss Wörth – Brückenwegli – Schloss Laufen

Landeskarte der Schweiz 1:25 000, Blatt 1031 «Neunkirch» – gut markierte Wege, Karte nicht erforderlich

Für den Rundweg benötigen wir ca. 1 h – die Bootsfahrt und Besteigung der Felseninsel beanspruchen eine weitere Stunde.

Leicht – teils schmale Waldwege, Treppen, für Kinderwagen nicht geeignet – 50 m bergauf und bergab

www.rheinfall.ch
Tel. 052 632 40 20
Tel. ZVV 0848 988 988
contact@zvv.ch

Wer die Gischtspritzer und das Tosen des Wassers nicht scheut, bucht eine Rundfahrt.

Mitte: Entlang des Rhein-Rundwanderwegs
Unten: Mit der S-Bahn direkt zum Schloss

Fotos: Ronald Gohl

Über eine Felskante von 23 Metern Höhe stürzt der Rheinfall in die Tiefe. Er gilt als mächtigster Wasserfall der Schweiz und drittgrösster Wasserfall Europas.

700 Kubikmeter Wasser pro Sekunde

Bereits im 18. und 19. Jahrhundert entdeckten die ersten Touristen, damals noch Leute der Oberschicht, Künstler und Gelehrte, die sich das Reisen leisten konnten, den Rheinfall. Der Lyriker Eduard Mörike (1804-1875) war davon so beeindruckt, dass er schrieb «Angst umzieht dir den Busen».

Heute betrachtet der Besucher den Rheinfall nüchterner. Er stürzt 23 Meter über eine Felskante aus hellem Malmkalk in die Tiefe und führt pro Sekunde bis zu 700 Kubikmeter Wasser. Unterhalb des breiten Falles ist sein Becken 150 Meter breit und 13 Meter tief. Auch die Umgebung des Rheinfalls ist nüchterner geworden, so muss das romantische Schloss Laufen auf der Zürcher Seite mit der Konkurrenz der Hochhäuser auf der Schaffhauser Seite leben. Aber der Besuch lohnt sich und jeder Schweizer sollte zumindest einmal im Leben zum Rheinfall pilgern. Zunächst müsste man sich aber entscheiden, ob man eher die Zürcher oder Schaffhauser Seite besucht. Weil die Anreise zum Schloss Laufen viel einfacher ist, entscheiden wir uns für diesen Ausgangspunkt und erkunden den Rheinfall von seiner Nordseite aus. Dazu steigen wir am Schloss Laufen vorbei die zahlreichen Treppenstufen hinunter und werden im Frühjahr nach der grossen Schneeschmelze, wenn der Rhein das meiste Wasser führt, von den ersten Wasserspritzern auf dem

Känzeli überrascht. Den bescheidenen Eintrittspreis, den wir vorher berappen mussten, steht in keinem Verhältnis zu dem gewaltigen Spektakel. Nachdem wir die obligatorischen Fotos gemacht haben, spazieren wir südwärts dem Rhein entlang in ruhigere Gefilde. Der schmale Waldpfad führt leicht bergauf und bergab, nach Regenfällen kann der Weg auch schon mal ordentlich schmutzig sein.

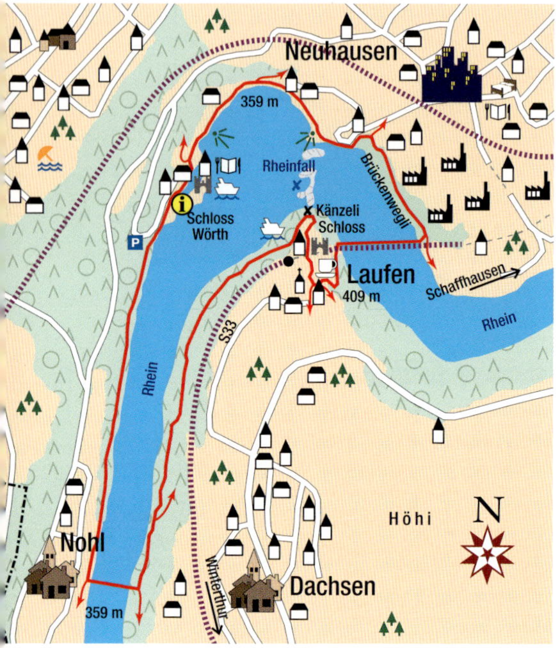

Bei Nohl überqueren wir den Rhein und wandern am gegenüberliegenden Ufer zurück. Schon von weitem hören wir die tosenden Wassermassen und erreichen schliesslich das Schloss Wörth. Wer das Abenteuer liebt, kann hier in die überdachte Fähre steigen, die am tosenden Wasserfall vorbei zum Felsen fährt. Dieser lässt sich über eine Treppe besteigen – doch wenn der Andrang gross ist, kommt es oft zum Fussgängerstau. Vom Felsen aus wirken die Wassermassen besonders imposant. Wer unter Klaustrophobie (Platzangst) leidet, sollte auf diesen Abstecher zur Insel allerdings verzichten

Zurück beim Schlösschen Wörth, wo wir uns im Restaurant mit Blick auf den Rheinfall kulinarisch verwöhnen lassen können, folgen wir dem Wanderweg rheinaufwärts. Wir steigen über mehrere Treppenstufen hinauf und bewundern immer wieder das Naturdenkmal von allen Seiten. Die Bahnbrücke, über welche auch die S33 rollt, ist gleichzeitig ein Fussgängersteg. Wir überqueren den Rhein und steigen steil zum Schloss Laufen hinauf. Zurück beim Ausgangspunkt fahren wir mit der S-Bahn, einem modernen Gelenktriebwagen, zurück nach Winterthur oder weiter nach Schaffhausen.

Auf dem Felsen in der Mitte des Rheinfalls sind wir von den Wassermassen umzingelt.

Im Schloss Laufen, einer Jugendherberge, kann übernachtet werden.

tipp:

Schloss Laufen

Um einmal in einem Schloss zu übernachten, braucht man kein Millionär zu sein – oder eine besonders dicke Geldbörse mit sich zu führen. Auch die Mitgliedschaft bei den Schweizer Jugendherbergen genügt. Das Schloss Laufen gehört seit 1941 der Stadt Zürich, bereits 1946 richtete man ein erstes Youthhostel ein. Die Burg wurde in den Jahren 2008/09 sorgfältig saniert und restauriert, so dass die im Frühjahr 2010 wiedereröffnete Jugi im frischen Glanz erstrahlt. Das Schloss blickt auf eine wechselvolle Geschichte zurück. 858

erstmals urkundlich erwähnt, wechselte es häufig seinen Eigentümer. Mal gehörte die Burg dem Bischof von Konstanz, dann den Kyburgern. 1449 belagerten die Zürcher das Schloss; die damaligen Besitzer, die Familie Fulach, seilte sich zum Rheinfall ab und suchte schwimmend das Weite – bereits ein Jahr später eroberte sie aber ihr Schloss zurück.
Infos: Tel. 052 659 61 52
www.youthhostel.ch/dachsen

Weinland:
Dachsen – Benken

26

Von Rebberg zu Rebberg

Prachtvolle Riegelhäuser, liebevoll angelegte Gärten und sonnige Weinberge erwarten uns auf der kurzweiligen Wanderung von Dachsen über Uhwiesen nach Benken. Wer mag, kann auch gleich noch den Rheinfall besuchen, der mit dem Schloss Laufen am Weg liegt. Im kühlen Hörnliwald packen wir an einer gut eingerichteten Feuerstelle die Cevolas aus dem Rucksack.

ZVV EIN TICKET FÜR ALLES

Anreise: Von Winterthur nehmen wir die S33 Richtung Schaffhausen, beim Bahnhof Dachsen steigen wir aus.

Rückreise: Mit dem Postauto von Benken nach Marthalen, Anschluss an die S33

Unsere Route: Dachsen – Schloss Laufen – Uhwiesen – Mörlen – Hörnliwald – Guggeeren – Benken

Landeskarten der Schweiz 1:25 000, Blätter 1031 «Neunkirch» und «1032» Diesenhofen – oder Wanderkarte 1:50 000, Blatt 405T «Schaffhausen/Stein am Rhein»

Ohne Besuch des Rheinfalls benötigen wir von Dachsen nach Benken rund 2 h 15 min (reine Wanderzeit)

Leicht – schöne, abwechslungsreiche Wanderung durch Weinberge – 154 m bergauf, 128 m bergab

www.rheinfall.ch
Tel. 052 632 40 20
Tel. ZVV 0848 988 988
contact@zvv.ch

In Uhwiesen baut Peter Eggli Räuschling-Weintrauben für die VOLG-Weinkellerei an.

Oben: Rebberg reiht sich an Rebberg
Unten: Brunnen an der Benkener Haarengasse

Fotos: Ronald Gohl

Kurz vor Schaffhausen überquert die S33 auf einem achtbogigen, auch für Fussgänger zugänglichen Viadukt den Rhein, nur wenige Meter über dem Rheinfall.

Wo die Sommersonne die Trauben reifen lässt

Mit dem Rheinfall, dem mächtigsten Wasserfall Mitteleuropas, kann die Zürcher Gemeinde Dachsen die wohl populärste Touristenattraktion des Kantons aufweisen. Dabei wird gern übersehen, dass die alten Fachwerkhäuser im Dorfkern und die Kapelle aus dem 15. Jahrhundert ebenso sehenswert sind. Um diese zu bewundern, müssen wir vom Bahnhof Dachsen aus zunächst einen Abstecher in die entgegengesetzte Richtung unternehmen. Für alle, die sich über intakte Dorfbilder freuen, ein lohnendes Unterfangen. Die Dachsener Kapelle steht zudem am Fuss des Rebbergs und bietet Hobbyfotografen eine willkommene Kulisse.
Unsere Wanderung beginnt am Bahnhof, dazu folgen wir zunächst dem Wegweiser Richtung Rheinfall/Schloss Laufen. Wir verlassen den Ort über eine Quartierstrasse, spazieren am Waldrand entlang und erreichen schon nach 15 Minuten das Schloss Laufen, das auf einem bewaldeten Felssporn hoch über dem Rheinfall thront. Weil wir den Rheinfall mit einer separaten Wanderung erkunden, entscheiden wir uns für die Fortsetzung der Tour und spazieren zunächst hoch über dem Rhein zur Autobahnunterführung. Wir steigen über eine Treppe zwischen A4 und einer Spitzkehre der Zubringerstrasse zum Rheinfall in einen kleinen Föhrenwald auf. 25 Minuten soll der Spaziergang laut Wegweiser nach Uhwiesen

dauern. Dabei achten wir auf die gelben Wanderwegweiser und die manchmal an Bäumen, Pfosten und Laternen versteckten gelben Rhomben. Nach einem hübschen Einfamilienhausquartier und dem ersten Rebberg, überqueren wir die Hauptstrasse und setzen unsere Wanderung durch ein stilles Quartier und die nächsten Rebberge über dem Dorfkern von Uhwiesen fort. Räuschling, Riesling-Silvaner und Blauburgunder gedeihen an den Sonnenhängen prächtig. Dort, wo der Rebenweg in die Quartierstrasse mündet, können wir entweder oben entlang den Villen oder unten über die Dorfstrasse nach Mörlen am Ostrand von Uhwiesen gelangen. Wir lassen die Rebberge fürs Erste hinter uns, der Wanderweg führt einem Zuckerrübenfeld entlang zum Waldrand. Endlich Schatten, mögen wir im Sommer denken, wenn die heisse Sonne einerseits die Trauben reifen lässt, andererseits uns aber ordentlich ins Schwitzen bringt. Bei der beschilderten Kreuzung im Hörnliwald zweigen wir scharf nach rechts ab und kommen bei der nächsten Wegverzweigung zu einer kleinen Hütte mit gut eingerichteter Feuerstelle – Tische und Bänke inklusive. Nach einer knusprigen Wurst und einer gemütlichen Pause bleibt der Abstieg über Guggeeren und die nächsten Weinberge nach Benken. Die Haarengasse mündet direkt auf die Kreuzung mit der Postautohaltestelle.

Dieses romantische Fachwerkhaus befindet sich an der Sunnebergstrasse in Uhwiesen.

tipp:

Atommüll im Weinland?

Gern verdrängt man die Frage, was unsere Industrie- und Wohlstandsgesellschaft mit ihren Abfallprodukten anfängt. Insbesondere der Atommüll, in Fachkreisen etwas milder «hochaktive Abfälle» genannt, sorgt immer wieder für hitzige Diskussionen. Zur Wahl stehen verschiedene Standorte für das Endlager. Die NAGRA (Nationale Genossenschaft für die Lagerung radioaktiver Abfälle) hat auch im zürcherischen Benken gebohrt und betrachtet ein 50 Quadratkilometer grosses Gebiet als «sehr geeignet».

Betroffen sind die Gemeinden Benken, Laufen-Uhwiesen, Dachsen, Rheinau, Marthalen und Andelfingen. Der Braune Dogger und der Opalinuston, auf welchen das Zürcher Weinland liegt, sollen bezüglich der Lagerkammern eine grosse Flexibilität zulassen. Geplant sind ausgedehnte unterirdische Stollen mit einem riesigen Tunnelnetzwerk.
Infos: www.nagra.ch

Hinauf zum Irchelturm

Als «charakteristische, stark bewaldete Landschaft» fand der 694 Meter hohe Irchel Eingang ins Bundesinventar der Landschaften und Naturdenkmäler von nationaler Bedeutung (BLN). Eine herrliche Waldeinsamkeit also, zum Glück ohne wilde Tiere, wie es sie im Mittelalter noch gab, als man am Irchel Bären, Wölfe, Wildschweine und Auerochsen zur Strecke brachte.

ZVV EIN TICKET FÜR ALLES

Anreise: Entweder mit der S5 bis Rafz und mit dem Bus nach Buch oder von Winterthur aus mit dem Bus nach Buch

Rückreise: Mit der S41 von Pfungen-Neftenbach nach Bülach und von dort mit der S5 zurück nach Zürich

Unsere Route: Buch am Irchel – Baracken – Irchelturm – Huebholz – Huebhöfe – Wartgut – Pfungen

Landeskarten der Schweiz, Wanderkarten 1:50 000, Blätter 215 T «Baden» und 216 T «Frauenfeld»

Die Wanderung von Buch über den Irchel-Bergrücken nach Pfungen dauert rund 2 h 30 min.

Mittelschwer – kurzer, aber steiler Aufstieg durch den Wald, meist auf Forst- und Wanderwegen – 132 m bergauf, 254 m bergab

www.zueri-unterland.ch
Tel. 044 860 44 25
Tel. ZVV 0848 988 988
contact@zvv.ch

Die drei Höfe Oberhueb, Mittlerhueb und Unterhueb liegen an unserem Wanderweg.

Oben: Pinot Noir, eine anspruchsvolle Diva
Unten: Waldlichtung im Huebholz

Fotos: Phillipe Cruz

Auf einer Fussgängerbrücke überqueren wir unterhalb des Wartguts die Töss und gelangen zu diesem verträumten Altwasser am Vorbruggenweg.

Vom BLN-Wald zum Weinschlösschen

Die bewaldete Kuppe des Irchels sticht schon von weitem ins Auge, insbesondere wenn wir uns von Winterthur-Wülflingen oder von Embrach nähern. Malerische Dörfer mit Riegelbauten und plätschernden Brunnen umringen den grünen Hügelzug – eine Gegend mit ausgesprochen ländlichem Gepräge, keine 20 Kilometer von der Grossstadt Zürich entfernt. Am Südhang des Irchels gedeihen die dunkelblauen Trauben eines schweren Pinot Noir.
Das milde Klima hat früher auch vornehme Herrschaften begeistert, die hier ihre Sommer- und Jagdsitze errichteten. Beim Schloss Teufen am Rheinknie von Tössegg sah man häufig hohe Herren mit glänzenden Equipagen – das Schlösschen Wart war der Landsitz des Freiherrn Sulzer von Wart, der vom bayerischen König höchstpersönlich geadelt worden war (siehe Box).
Der Ausgangspunkt zu unserer Wanderung liegt auf der Nordseite des Irchels. Bei der Post im kleinen Bauerndorf Buch steigen wir aus dem Bus. Hier tragen die Gemeindeväter viel Sorge zur Bausubstanz – zwischen dem alten Dorfkern und dem landwirtschaftlichen Kulturland wurden die neuen Wohnquartiere des Dorfes behutsam eingebettet. «Irchelturm, 25 Minuten» steht auf dem gelben Wegweiser mitten im Dorf. Wir verlassen Buch über die Holzgasse in südlicher Richtung und steigen sanft entlang der

Links: Stille Wege unter hohen Baumkronen im Huebholz am Irchel

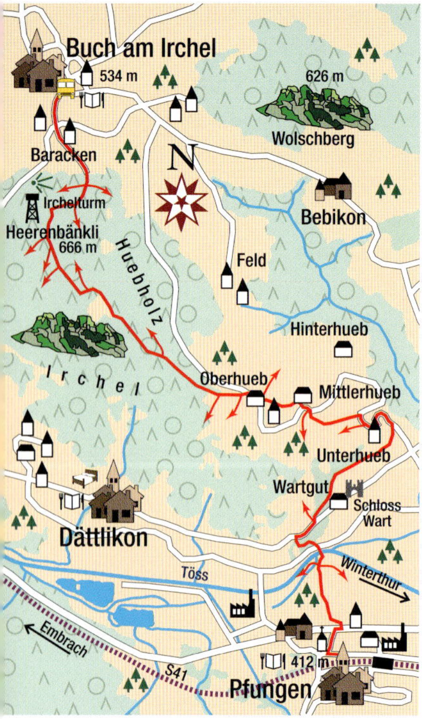

Wiesen am Dorfrand an. Ein Blick zurück zur Kirche und über die dunkelroten Ziegeldächer lohnt sich. Bei der Kreuzung oberhalb des Dorfes nehmen wir das Strässchen, das leicht links weiter bergauf zum Waldrand führt. Es gilt nochmals richtig Luft zu holen, denn der Weg wird steil und führt durch den schattigen Wald zum Aussichtspunkt Heerenbänkli, wo sich auch der 28 Meter hohe Irchelturm befindet. Das Bauwerk wurde 1983 durch die Elektrizitätswerke des Kantons Zürich errichtet, ist 32 000 Kilogramm schwer und die Mastoberkante befindet sich 63 Meter über dem Boden, erfahren wir auf einem Metallschild am Sockel. Von der Aussichtsplattform in luftiger Höhe gibt es einiges zu sehen: im Vordergrund die umliegenden Dörfer, im Hintergrund der Schwarzwald, der Randen und bei guter Fernsicht sogar die Alpen.
Nachdem wir uns satt gesehen haben, steigen wir durch den BLN-Wald, das Huebholz, hinunter zu den Huebhöfen. Beim Hof Unterhueb erreichen wir den Weinberg, wo auf den schweren tonigen Böden ein Pinot Noir reift. Unter halb des Weges liegt das Schlösschen Wart, wenig später erreichen wir den Talboden, überqueren die Töss und spazieren über das Tössfeld zum Bahnhof Pfungen-Neftenbach.

Links: Mehrere Plattformen am Irchelturm – Rechts: Blick zurück nach Buch am Irchel

tipp:

Traumschloss im Weinberg

Bei unserem Abstieg durch die Weinberge oberhalb von Pfungen entdecken wir das kleine, romantische Schloss Wart, das 1889-91 im neugotischen Stil erbaut wurde. Die verspielte Architektur mit dem Türmchen erinnert fast etwas an das berühmte Schloss Neuschwanstein von König Ludwig II. von Bayern. Die früheren Besitzer des Wartguts, die Familie Moser, pflegte enge Beziehungen zum Königshof in Bayern. König Maximilian Joseph erteilte den Mosers die erbliche Reichsherrenwürde, so dass sich die Mosers künftig als Freiherren von Sulzer Wart bezeichnen durften. Vor dem Kauf des Wartguts durch die Familie Moser und den Neubau des Schlosses, gehörte das Anwesen den Freiherren von Wart, die bereits um 1200 die Herrschaft in Neftenbach antraten. Ihr Wappen, ein schräg gevierter Schild in Silber und Blau, ziert noch heute die Gemeindefahne von Neftenbach.

Der Streit um eine Bahn

Eine abwechslungsreiche Wanderung führt von der Bahnstation Embrach-Rorbas auf den Dettenberg. Haben wir die Höhe von etwas mehr als 500 Meter über Meer erreicht, spazieren wir auf dem Römerweg praktisch gleichbleibend hoch Richtung Norden und geniessen dabei die Aussicht ins Glattal oder beobachten die auf Kloten anfliegenden Flugzeuge.

ZVV EIN TICKET FÜR ALLES

Anreise: Stündlich mit der S5 bis Bülach, von dort aus eine Station weiter mit der S41 bis Embrach-Rorbas

Rückreise: Von der Post in Teufen mit dem Postauto zum Flughafen und mit der S2 bzw. S16 zurück nach Zürich

Unsere Route: Station Embrach-Rorbas – Haumüli – Berghof – Petersboden – Wagenbrechi – Tössegg – Teufen

Landeskarten der Schweiz 1:25 000, Blätter 1051 «Eglisau» und 1071 «Bülach» oder Wanderkarte 1:50 000, Blatt 215 T «Baden»

2 h 45 min – das Postauto fährt stündlich von Teufen Richtung Zürich-Flughafen ab.

Zwei Aufstiege gleich zu Beginn und am Schluss unserer Wanderung – 195 m bergauf, 198 m bergab

www.zueri-unterland.ch
Tel. 044 860 44 25
Tel. ZVV 0848 988 988
contact@zvv.ch

Dem Waldrand entlang spazieren wir über den Römerweg direkt zum Aussichtsturm.

Oben: In der Haumühli wird Korn gemahlen
Unten: Aussichtsturm Petersboden

Vom 40 m hohen Holzturm auf Petersboden blicken wir auf den Rhein. Auch unser Wanderziel, das Dörfchen Teufen, rechts im Bild, rückt schon näher.

Von Säumern und Pfahlbauern

60 Jahre lang, von 1877 bis 1937, keuchten die Dampflokomotiven über eine Bahnlinie, die von Winterthur via Bülach und weiter über den Schwenkelberg nach Baden führte. Auf der von der ehemaligen Nordostbahn (NOB) gebauten Strecke sorgte der so genannte «Dettenbergkrieg» für Schlagzeilen, dabei ging es um die Linienführung zwischen Bülach und Winterthur. Erst nach einem Entscheid des Bundesrates konnten sich die Parteien einigen und einen 1800 Meter langen, eingleisigen Tunnel unter der Wagenbrechi hindurch bohren. Mangels Passagierzahlen wurde die Strecke über den Schwenkelberg zwar vor dem Zweiten Weltkrieg aufgegeben, der Abschnitt Bülach–Winterthur wird aber noch heute von der S41 befahren.
Gleich beim Bahnhof Embrach-Rorbas gilt es den richtigen Weg zu finden. Wir achten auf den grünen Wegweiser «Haumüli» von Pro Natura und nehmen nicht den Weg zur Unterführung, sondern das Strässchen zur Pizzeria. Gleich hinter dem Restaurant biegen wir links in ein schmales Fussweglein, das uns in nur fünf Minuten zum Naturschutzgebiet Haumüli bringt. Die Geländemulde unter dem Bahndamm bietet Raum für eine Naturoase mit Stauweiher, Tümpel, Wildbach, Hochstaudenflur und Kiesgrube. Ein interak-

tiver Lernpfad führt durch das Naturschutzgebiet. In der Haumühli wird wie in alten Zeiten noch Mehl gemahlen und über das Lädeli verkauft. Leider ist dieses nur am Donnerstag abend von 19 bis 21 Uhr geöffnet.

Wir überqueren den Wildbach, der still von sich hin plätschert, und steigen durch den Wald hinauf zum Berghof, von wo aus sich uns ein erster Blick hinunter zur Töss und hinüber zum Irchel bietet. Wir sollten nicht nur ein Auge fürs Panorama haben, sondern auch auf den Weg achten. Nachdem wir den Lächbach überquert haben, zweigen wir links in den Wald ab und wandern schon bald auf dem Römerweg leicht bergauf bis auf den Dettenberg (545 m ü. M.). Bei Petersboden über dem Hof Alpen überlegen wir uns, ob wir die vielen Stufen hinauf auf den Aussichtsturm steigen wollen. Der Blick zum Hochrhein, in den Schwarzwald und zu den Alpen lohnt die kleine Mühe. Wenige Schritte weiter dürfen wir die Rechtsabzweigung am Waldrand nicht verpassen, sie führt zur Wagenbrechi, wo wir die Hauptstrasse auf einer Brücke überqueren. Nach einem steilen Abstieg hinunter zum Rhein, führt eine weitere Fussgängerbrücke über die Mündung der Töss. Beim Gasthaus Tössegg stärken wir uns für den Aufstieg nach Teufen (74 Höhenmeter), dem Ziel unserer knapp dreistündigen Wanderung.

Nur wenige Meter über den Baumkronen bietet sich uns ein herrlicher Ausblick vom Holzturm Petersboden.

Der Rhein fliesst manchmal so ruhig, dass sich der Ramsenberg im Wasser spiegelt.

tipp:

Auf den Römerwegen

Vielerorts finden wir in der Schweiz Jahrtausende alte Zeugen der Zeit – die Römer haben überall ihre Spuren hinterlassen: zum Beispiel in den grandiosen Amphitheatern von Aventicum, Vindonissa oder Augusta Raurica. Ein Netz von Römerwegen zieht sich durch die Schweiz. Abseits der berühmten Strada Romana entdecken wir zahlreiche weitere Routen, welche einst nicht nur den Legionären sondern auch den Handelsreisenden den Weg nach Rom wiesen. «Alle Wege führen nach Rom», lautet ein bekanntes Sprichwort. Wir wan-

dern in der Gegenrichtung, also von Rom aus Richtung Norden und benützen dazu den alten Römerweg auf dem Dettenberg. Karrenspuren werden wir vergeblich suchen, dafür mahnen einige Holzschilder an den geschichtlichen Hintergrund unserer Route. Mit etwas Fantasie können wir uns 2000 Jahre zurückversetzen und uns dabei vorstellen, wie die Landschaft und die Dörfer zu jener Zeit ausgesehen haben mögen.

Zürcher Unterland: Station Zweidlen – Glattfelden 29

Lyrik unterwegs

Nicht nur, wer den «Grünen Heinrich» kennt, wird die Wanderung entlang von grünen Hügeln und breiten, fruchtbaren Tälern geniessen. Der Dichterweg zwischen Zweidlen am Rhein und Bülach an der Glatt wurde zu Ehren des Zürcher Schriftstellers Gottfried Keller (1819-1890) errichtet. Ob dabei das ländliche Glattfelden als Vorlage für «Die Leute von Seldwyla» diente?

ZVV EIN TICKET FÜR ALLES

Anreise: S5 Zürich–Eglisau, weiter mit der S41 Richtung Waldshut bis zum Bahnhof Zweidlen

Rückreise: Stündlich vom Bahnhof Glattfelden mit der S5 direkt nach Zürich

Unsere Route: Station Zweidlen – Laubberg – Glattfelden – Schachen – Station Glattfelden

Landeskarte der Schweiz 1:25 000, Blatt 1051 «Eglisau» oder Wanderkarte 1:50 000, Blatt 215T «Baden»

Rund 1 h 30 min von Zweidlen nach Glattfelden, nochmals ca. 45 min über Schachen zur Station Glattfelden

Mittelschwer – steiler Aufstieg auf den Laubberg, etwas weniger steil vor Schachen – 206 m bergauf, 164 m bergab

www.zueri-unterland.ch
Tel. 044 860 44 25
Tel. ZVV 0848 988 988
contact@zvv.ch

Zwischen Maisfeldern und Obstplantagen werfen wir einen Blick zurück zum Laubberg.

Oben: Kraftwerk Zweidlen, auffällig bemalt
Unten: Deutschland am nördlichen Rheinufer

Im Weiler Schachen scheint seit dem Bau des Brunnens im Jahr 1918 die Zeit stehen geblieben zu sein ... Ob auch barfüssige Dorfbuben um die Ecke gelaufen kommen?

Wenn uns die Muse küsst

Irgendwo in der Schweiz liegt Seldwyla, eine wonnige Kleinstadt. «Schön ist sie gelegen, mitten in grünen Bergen, die nach der Mittagseite zu offen sind, so dass wohl die Sonne herein kann, aber kein rauhes Lüftchen ...», schreibt Gottfried Keller 1856 in seiner Novelle «Die Leute von Seldwyla». Müssiggang ist aller Lasters Anfang und so wird bald klar, dass sich in der auf den ersten Blick so lustigen Stadt allerhand merkwürdige und seltsame Geschichten abspielen. Ob die Menschen an seinem Geburtsort Glattfelden die Vorlage für die Charakteren der Bewohner Seldwylas lieferten, so wie Gottfried Keller bereits im «Grünen Heinrich» autobiografische Züge niedergeschrieben hatte?
Vielleicht erfahren wir auf unserer Wanderung entlang des Dichterwegs mehr? Startpunkt ist der kleine Bahnhof Zweidlen. Das Dorf Zweidlen ist 20 Gehminuten von der Station entfernt, wir orientieren uns an der Tafel mit Gottfried Kellers Konterfei über den Verlauf unserer Wanderung. Sie führt nicht ins kleine Dörfli sondern in die entgegengesetze Richtung zum grossen Rheinkraftwerk, dessen Mächtigkeit gar nicht so richtig in die ländlich anmutende Umgebung passen will. Achtung: Wir nehmen nicht den Weg entlang der Glatt nach Glattfelden, wie der Wegweiser es empfiehlt, sondern folgen dem Dichterweg. Dieser führt noch ein

tipp:

Gottfried Keller

Als Sohn eines Drechslermeisters wuchs Gottfried Keller im damals beschaulichen Bauerndorf Glattfelden auf. Im Haus «Zur Sichel» verbrachte er eine mehr oder weniger unbeschwerte Kindheit, besuchte auf Wunsch seines Vaters die Armenschule und später eine weiterbildende Anstalt. Der kleine Gottfried lernte schnell, begann schon früh zu malen und schrieb für seine Schulfreunde kleine Theateraufführungen. Eigentlich wollte Gottfried Keller Kunstmaler werden. Doch sein erster Lehrmeister war ein Pfuscher. Erst viel

Quelle: Zentralbibliothek Zürich

später wandte sich Gottfried der Dichterkunst zu und beschrieb seine Kindheit im «Grünen Heinrich». Keller machte Karriere und galt bald als einer der erfolgreichsten deutschsprachigen Schriftsteller Auch seine politische Karriere war bedeutend, bekleidete er doch das Amt eines Staatsschreibers der Republik Zürich.

Weitere Infos: www.gkz.ch
www.gottfriedkeller.ch

Glattfelden weist eine Reihe sehenswerter Fachwerkhäuser auf. Dieses Haus stammt aus dem Jahr 1679.

Die antik wirkende Hegsten-Holzbrücke über die Glatt ist erst 30 Jahre alt.

kurzes Stück rheinaufwärts, um dann den steilen Aufstieg auf den 495 Meter hohen Laubberg zu beginnen. Dabei müssen wir 127 Höhenmeter bezwingen, drei Lichtungen sorgen etwas für Abwechslung.
Die Muse küsst uns an den ersten beiden Tafeln, wo wir das Gedicht «Hadlaub» in der Stille des Waldes rezitieren können oder den Sinn hinter den Versen des «Sonntagsjägers» suchen. Ein märchenhaft bemoster Wald ist die Bühne für unsere Begegnungen mit Kellers Lyrik. Paradiesgärtli heisst diese Landschaft, von wo aus wir zum Kraftwerk, zum Rhein und zum Rafzerfeld blicken. Der Abstieg erfolgt über die beiden Laubberghöfe. In der Talsohle angekommen, überqueren wir das kurze Stück Autobahn und erreichen Glattfelden. Hier gelangen wir nach einem Abstecher übers Schnapsgässli zum Gottfried-Keller-Zentrum. In den fünf Räumen des Fachwerkhauses aus dem Jahr 1526 werden Einrichtungsgegenstände, Schriftstücke und Gemälde des Zürcher Dichters und Malers gezeigt (nur am Wochenende von 14.00 bis 16.00 Uhr geöffnet).
Wir setzen unsere Wanderung fort, überqueren die Glatt mittels der gedeckten Hegsten-Holzbrücke. Nach einem kurzen Stück entlang dem Strässchen biegen wir links in einen Fussweg. Wir erreichen den Weiler Schachen, steigen durch ein Wäldchen zur Glatt ab, überqueren diese erneut und kommen nach einem kurzen Aufstieg von 29 Höhenmetern schliesslich zum Bahnhof Glattfelden.

Zürcher Unterland: Rundwanderung Lägeren **30**

Der Jura in Zürich

Was hat der Jura mit dem Zürcher Unterland gemeinsam? Sehr viel, denn der Bergrücken der Lägeren gehört zu den nördlichsten Ausläufern des Faltenjuras. Von der Stadt Zürich einen kurzen Ausflug in den Jura unternehmen – das wird uns nicht so schnell jemand glauben. Und dennoch: Mit S5 und Bus sind es geradeмal 33 Minuten nach Regensberg am Fuss der Lägeren.

ZVV EIN TICKET FÜR ALLES

Anreise: Mit der S5 von Zürich bis Dielsdorf, umsteigen in den Bus nach Regensberg

Rückreise: Mit dem Bus von Regensberg nach Dielsdorf, mit der S5 zurück nach Zürich HB

Unsere Route: Regensberg – Ebrachtwald – Hochwacht – Boppelsen – Mötschen – Linden – Regensberg

Landeskarten der Schweiz 1:25 000, Blätter 1071 «Bülach» und 1070 «Baden»

Ohne grosse Hast benötigen wir bis zu 3 h – Abstecher zur Ruine Altlägeren zusätzlich 45 min für den Hin- und Rückweg.

Mittelschwer – zum Teil steile Wege, meistens breit und gut begehbar – 350 m bergauf und bergab

www.zueri-unterland.ch
Tel. 044 860 44 25
Tel. ZVV 0848 988 988
contact@zvv.ch

Auf der Hochwacht können wir die Aussicht und ein kühles Getränk geniessen.

Vor oder nach der Wanderung ist die Besichtigung von Regensberg ein Muss!

Oben: Im Ortskern von Regensberg fühlen wir uns wie im letzten Jahrhundert.
Unten: Durch die Aussichtsplattform bekommen wir einen Überblick mit viel Sonne.

Skilift und Weintrauben

Es gab eine Zeit, da war der Skilift «die beste Kuh im Stall» der Bauernfamilie Lanz. Wegen den unsicheren Schneeverhältnissen war das Skifahren bei Regensberg vor den Toren der Stadt Zürich in den letzten Jahren aber oft nur noch wenige Tage möglich. Bauer Lanz nimmt's gelassen und denkt nicht ans Aufgeben, schon alleine die Freude der vielen Kinder ist es wert!
Bedeutend mehr profitieren die Weintrauben vom milden Klima, welche am Südhang des mittelalterlichen Städtchens Regensberg gedeihen. Das 1244 gegründete Städtchen mit seiner weitgehend erhaltenen Bausubstanz ist der Ausgangspunkt unserer Rundwanderung über den 866 Meter hohen Bergrücken der Lägeren. Der Juraausläufer trennt das nördliche Wehntal vom südlichen Furttal, im Westen der Lägeren liegt die Stadt Baden, im Osten Regensberg.

Nach einem lohnenden Rundgang durch den idyllischen Ortskern mit seinen aneinander gebauten Häusern nehmen wir die 263 Höhenmeter bis zur Hochwacht in Angriff. Der Wanderweg zweigt im Westen des Städtchens von der Strasse ab, führt zunächst über eine Wiese und taucht anschliessend in den schattigen Wald. Auch der 300 Kilometer lange Jura-Höhenweg, der nach rund 90 Stunden reiner Marschzeit in Genf endet, hat in Regensberg seinen Ausgangspunkt und führt über unsere Route. Ganz so weit wollen wir nicht. Unser erstes Etappenziel ist die Hochwacht. Der seltsame Turm mit dem kugelförmigen Aufsatz gehört der Skyguide (siehe Box) und dient der Flugüberwachung. Der Unique Airport Zürich ist ganz nah – leider weist die Aussichtsplattform, die wie ein Tunnel aus dem Gebüsch ins Freie ragt, nicht in Richtung der landenden Flugzeuge sondern auf die gegenüberliegende Seite. Wir blicken über die Dächer von Boppelsen ins Furttal und noch weiter südlich bis ins Limmattal. Bei klarer Fernsicht entdecken wir am Horizont sogar den Jura und die Alpen. Wer vom Aufstieg durstig geworden ist, findet Linderung auf der Sonnenterrasse des Bergrestaurants. Wer mag, kann von hier aus einen Abstecher zur Ruine Alt Lägeren unternehmen. Zu sehen gibt's ausser einigen Steinhaufen im dichten Wald nicht viel. Die Burg des Freiherrn von Regensberg wurde bereits im Jahre 1267 zerstört. Die Umfassungsmauern von 20 x 67 Meter erinnern noch an den Grundriss der Burg. Der weitere Gratweg über die Lägeren nach Baden ist vor allem bei Nässe nicht ganz ungefährlich. Aus diesem Grund gehen wir auf dem gleichen Weg zurück. Bei der Hochwacht, die ihren Namen einem militärischen Wachtturm aus dem 17. Jahrhundert verdankt, denken wir an unseren Abstieg nach Boppelsen. Stellenweise ist dieser recht steil und griffige Schuhe sind von Vorteil. In Boppelsen, Bauerndorf und Heimat für Zuzüger, suchen wir den Wegweiser zurück nach Regensberg. Das letzte Teilstück unserer Wanderung verläuft leicht ansteigend dem Waldrand entlang. Im Wiesental liegt der Erlenhof, wo Bauer Lanz nach Schneefällen seinen Skilift betreibt. Schon von weitem sehen wir den Regensberger Rundturm mit seinen drei Meter dicken Mauern.

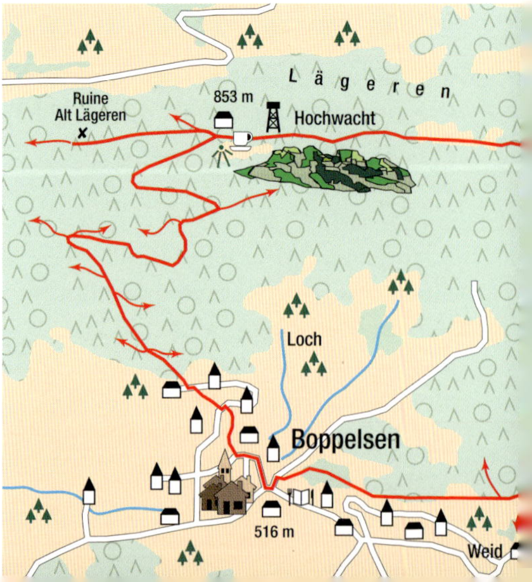

Durch den Rebberg sehen wir Regensberg mit seinem auffälligen Turm schon von weitem. Nach dem letzten, sonnigen Stück haben wir uns eine Erfrischung verdient. Wie wär's mit einem feinen Coupe Dänemark?

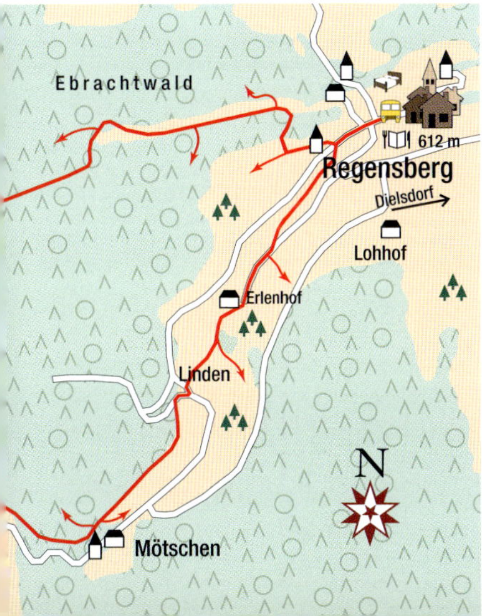

tipp:

Skyguide

Kurz bevor wir die Hochwacht erreichen, kommen wir an einem eigentümlichen Gebilde vorbei. Ein gigantischer, schwarzer «Fussball» ragt auf der Spitze eines Turmes aus dem Wald heraus. Das Gebäude darunter ist eingezäunt und abgeriegelt. Handelt es sich um das Sonnenmodell auf einem Planetenweg? Eine Informationstafel beim Gebäude verschafft Klarheit: Es ist eine Radarstation der Skyguide AG. Die im Auftrag der Eidgenossenschaft agierende Firma überwacht den gesamten Schweizer Luftraum und sorgt für die zivile und militä-

rische Flugsicherung. Das Unternehmen geriet 2002 in die Negativschlagzeilen, als über dem deutschen Überlingen zwei Flugzeuge in der Luft zusammenstiessen. Dennoch leisten die rund 1400 Beschäftigten gute Arbeit, die den dichten Flugverkehr überhaupt möglich machen. Der Radar auf der Lägeren deckt übrigens die ganze Schweiz und das benachbarte Ausland ab, er hat eine Reichweite von Portofino bis Bonn.

Weitere Infos: www.skyguide.ch

Zürcher Unterland:
Rümlang – Niederglatt

31

Glattufer und Flughafen

Am Westrand des Flughafens nutzen Spaziergänger, Velofahrer und Jogger das grüne Naherholungsgebiet entlang der Glatt. In Zusammenarbeit mit Unique (Flughafen Zürich AG) realisierte die kantonale Fachstelle Naturschutz ein umfangreiches Aufwertungsprojekt. Viele seltene Arten haben die neuen Biotope seither in Beschlag genommen.

ZVV EIN TICKET FÜR ALLES

Anreise: Von Zürich mit der S5 bis Rümlang

Rückreise: Von Niederglatt mit der S5 nach Zürich

Unsere Route: Rümlang – Glattuferweg – Schlosswinkel – Peterli – Grafschaft – Forbuck – Hofstetten – Niederglatt

Landeskarte der Schweiz 1:25 000, Blatt 1071 «Bülach»

Rund 1 h 30 min von Rümlang nach Niederglatt, für einen Abstecher in die Altläufe der Glatt benötigen wir zusätzlich ca. 20 min

Leicht – Spazierweg ohne Steigungen, auch mit Kinderwagen oder Velo möglich

www.zueri-unterland.ch
Tel. 044 860 44 25
Tel. ZVV 0848 988 988
contact@zvv.ch

Die Hirschenbrücke, eine traditionelle Holzkonstruktion, wurde 1993 eröffnet.

Mitte: Orchideen in den Altläufen der Glatt
Unten: Kurz vor der Landung auf Piste 14

Fotos: Phillipe Cruz

Romantische Glatt – wir spazieren fast eineinhalb Stunden dem Fluss entlang. Nach Oberglatt schlängelt sich die Glatt in einem grossen «S» durch die Ebene.

Piste 28 oder 16?

Ausgangspunkt unserer Wanderung entlang der Glatt ist der Bahnhof von Rümlang, wo halbstündlich die S5 in jeder Fahrtrichtung hält. Wir unterqueren die Bahngleise und überqueren wenige Schritte weiter östlich die vielbefahrene Kantonsstrasse mittels einer beeindruckenden Hängebrücke. Gleich nach der Brücke über die Glatt zweigen wir rechts ab und folgen dem Weg zwischen Bach und Familiengärten in der Fliessrichtung des Wassers. Bis zum Ende der Piste 28 ist es nicht mehr weit. Es lohnt sich, einige Zeit zu warten und die Flugzeuge bei ihren Starts zu beobachten. Die Landebahnkennung orientiert sich an der Kompassrose. Die in Ost-West-Richtung verlaufende Piste wird als 10/28 bezeichnet (100 bzw. 280 Grad auf dem Kompass). Die Starts auf Piste 28 verlaufen praktisch ausschliesslich von Osten nach Westen. Vorwiegend Kurz- und Mittelstreckenjets benutzen sie als Startbahn, grössere Langstreckenvögel wie die A340 oder eine B747 (Jumbo Jet) sind hingegen auf die 3700 Meter lange Piste 16 angewiesen, die parallel zu unserem Wanderweg verläuft. Weil sich der Runway hinter den Bäumen versteckt, hören wir die Flugzeuge nur. Naturfreunde interessieren sich in der Regel nicht für Flugzeuge, ihnen ist das Schutzgebiet zwischen Glatt und Westrand des Flughafens wichtiger. In diesem Gebiet blieben Reste des ehema-

Der A320 HB-IJD wurde nach dem Grounding der Swissair von der Turkish Airlines übernommen – die Swiss hat ihn am 6. November 2007 zurückgekauft.

tipp:

Altläufe der Glatt

Als es im 18. Jahrhundert noch keinen Flughafen gab, schlängelte sich die Glatt frei durch die Landschaft, welche aus Auenwäldern, Weihern und Riedgebieten bestand. Als man 1820 damit begann die Glatt abzusenken und zu begradigen, wurde das Gebiet zwischen Schlosswinkel und Peterli vom Lauf der Glatt getrennt. Eine der bedeutendsten und attraktivsten Altwasser-Landschaften im Kanton Zürich entstand. Sie grenzt im Osten an die Start- und Landebahn des Flughafens. Der Weiher im Naturschutzgebiet bildet Raum für eine riesige Artenvielfalt. Teichrohrsänger und Bergmolch leben in den Altläufen eng beieinander, weil die Landschaft sehr engräumig gegliedert ist. Eigentlich würden beide Tierarten völlig unterschiedliche Ansprüche an ihre Lebensräume stellen. Der Kleinspecht ist im Altwasser ebenfalls heimisch. Die dunklen Fichtenbestände sollen nach und nach in die lichten Laubmischwälder zurückgeführt werden. Diese bieten den Tieren und Pflanzen mehr Lebensraum.

Hängebrücke für Fussgänger und Radfahrer bei Rümlang

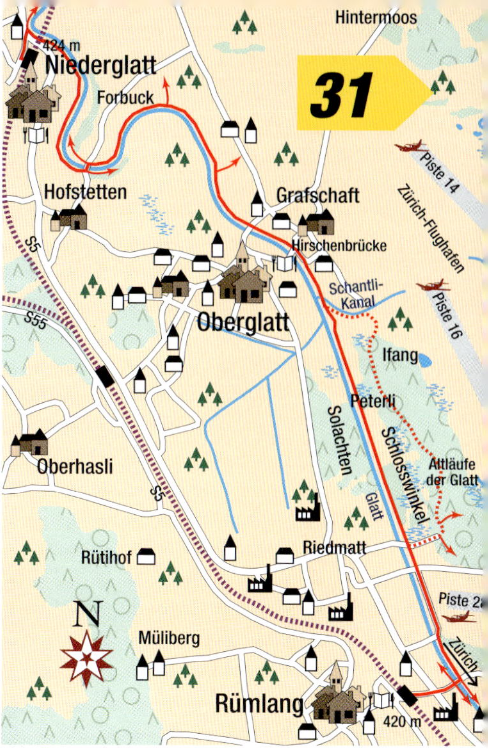

ligen Laufs der Glatt erhalten. Das schnurgerade Ufer, dem wir während unserer Wanderung folgen, war einst ein riesiges Sumpfgebiet, in welchem sich die Flussarme der Glatt ausbreiteten. Gehen wir doch ein Stück durchs Naturschutzgebiet und erleben dabei den Kontrast zwischen Fluglärm und Naturidylle. Über den Weg am Schantli-Kanal gelangen wir wieder zu unserer Wanderroute. Zuvor werfen wir noch kurz einen Blick nach rechts, wo wir den Anfang der Piste 16 entdecken. Hier bereiten sich die Langstreckenflugzeuge für ihr «Take-off» vor. Wem nach Speis und Trank zu Mute ist, überquert bei der Hirschenbrücke die Glatt und kehrt im Gasthof Hirschen, einem schmucken Riegelbau, ein. Zwischen Oberglatt und Niederglatt hat sich die Glatt dank dem kleinen Forbuckhügel ihr weitläufiges Fluss-S erhalten können. Wir überqueren den Bach bei Hofstetten und wandern am gegenüberliegenden Ufer bis Niederglatt. Unmittelbar nach dem Bahnviadukt gehen wir links hinauf zur Hauptstrasse, überqueren den Zebrastreifen und biegen in die Bahnhofstrasse ein.

Restaurant Hirschen, ein typisches Zürcher Unterländer Fachwerkhaus, an der Glatt bei Oberglatt

Alles für die Katz

Katzensee, Büsisee, Regensdorf, Seebach – klingt nach einer nassen Wanderung. Doch auch wenn unsere Route durch ein Moorgebiet führt, gibt es keinen Grund zur Bange: Der Kiesweg ist breit, unsere Füsse bleiben trocken. Das Naturschutzgebiet direkt am See darf nämlich nur im Winter betreten werden – zum Schutze der Tier- und Pflanzenwelt.

ZVV EIN TICKET FÜR ALLES

Anreise: Von Zürich HB mit der S6 Richtung Baden bis Regensdorf-Watt

Rückreise: Von Zürich-Seebach mit dem Tram 14 ins Stadtzentrum – bzw. ab Oerlikon (umsteigen) mit der S-Bahn

Unsere Route: Regensdorf – Katzensee – Büsisee – Unteraffoltern – Katzenbach – Weid – Zürich-Seebach

Landeskarten der Schweiz 1:25 000, Blätter 1091 «Zürich»und 1071 «Bülach»

Wer zügig wandert, meistert die Strecke in eineinhalb bis zwei Stunden.

Leicht – keine grossen Steigungen, mehr Spazier- als Wanderweg – 19 m bergauf, 28 m bergab

www.zuerich.com
Tel. 044 215 40 00
Tel. ZVV 0848 988 988
contact@zvv.ch

Hinter knorrigen, alten Bäumen kommt blau glitzernd der Katzensee in Sicht.

Mitte: 14er Tram in Zürich-Seebach
Unten: Moorlandschaft am Katzensee

Fotos: Lukas Fischer

Nach den Katzenseen kommen wir an einem kleinen Teich vorbei, dem Büsisee. Das Rückhaltebecken bietet direkt neben der Autobahn Platz für die Natur.

Wie der Christussee zum Katzensee wurde

Regensdorf, Regensberg oder Regensburg? Wir sollten beim Planen unserer Nachmittagswanderung genau darauf achten, dass wir am richtigen Ort, nämlich in Regensdorf starten. Falls wir dennoch im Landstädtchen Regensberg an der Lägeren stehen, blättern wir auf Seite 120 zurück. Unser richtiger Ausgangspunkt Regensdorf liegt im Zürcher Unterland und ist in der ganzen Schweiz bekannt geworden – nicht wegen den wenigen Fachwerkhäusern im Dorfzentrum, sondern wegen der Strafanstalt Pöschwies.
Wir kommen am Bahnhof Regensdorf-Watt an. Ob bäuerlich oder städtisch, darüber kann man hier noch streiten, doch schon nach wenigen Metern überwiegt der ländliche Faktor. Die hohe, graue Mauer der Strafanstalt (siehe Böxli) zieht sich dem Waldrand entlang. Der Blick vom Bahnübergang zum Gut Katzensee wird auch von der dicht befahrenen Wehntalerstrasse nicht getrübt. Möglicherweise lohnt sich an dieser Stelle ein Abstecher in den kleinen Weiler Altburg, in dem die Ruinen der Burg Alt-Regensberg zu besichtigen sind. Es handelt sich bei den Erbauern um die gleichen

Edelleute, die auch das Landstädtchen Regensberg erbauten, und die nun für die Verwechslung der beiden Ortsnamen verantwortlich gemacht werden dürften. Wenn wir auf unserem Weg bleiben, kommen wir am Gut Katzensee vorbei und erhaschen erste Blicke auf den blau schimmernden See, nur wenige Höhenmeter unter uns. Der Weg führt jedoch nicht direkt am Ufer vorbei, stattdessen begleitet er uns durch eine Wald- und Wiesenlandschaft. Das Betreten des Uferschutzgebietes ist auf dieser Seite des Sees verboten, weil das stetig wachsende Sumpfgebiet Platz für viele seltene Tier- und Pflanzenarten bietet. Im Süden findet man jedoch eine beliebte Badi für alle Warmwasserfreunde; der See wärmt sich durch sein kleines Volumen sehr schnell auf. Wie wir bemerken, sind es ja eigentlich zwei Seen. Der Untere und der Obere Katzensee. Und dennoch werden sie oft in einem Zug genannt. Den Namen haben sie übrigens im 6. Jahrhundert bekommen: Damals wurden sie nach «Christus» benannt, doch die Zeit änderte immer wieder einzelne Buchstaben, sodass daraus «Katze» wurde. Ein Stück weiter treffen wir noch auf den Büsisee, bei dem es sich jedoch nur um ein Auffangbecken für umgeleitetes Wasser während des Autobahnbaus handelt. Als Anlehnung an die grossen Nachbarseen wurde der Tümpel liebevoll Büsi (kleine Katze) getauft. Für den Rest der Wanderung folgen wir nun dem Abfluss des Katzensees, der den passenden Namen Katzenbach trägt. Auf diesem letzten Abschnitt beobachten wir, wie sich die Stadt immer mehr bemerkbar macht, bis sie spätestens an der Tramhaltestelle Zürich Seebach allgegenwärtig ist.

Unser Weg führt vorbei an saftigen Wiesen, schönen Wäldern und blauen Seen.

Prächtige Aussicht oberhalb des Naturschutzgebietes auf den Katzensee

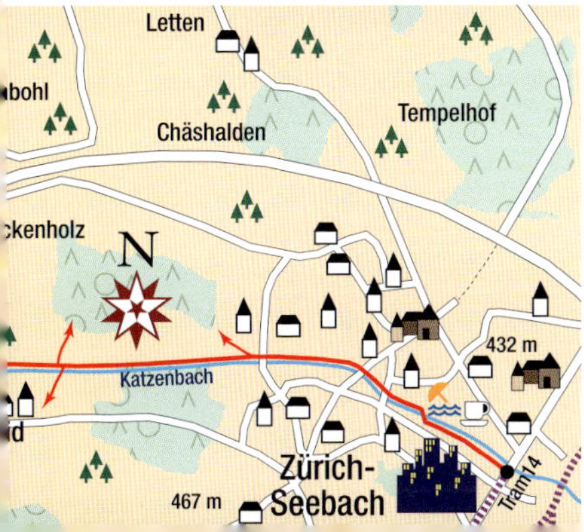

tipp:

Strafanstalt Pöschwies

Auf den ersten hundert Metern unseres Weges kommen wir an einer langen, hohen und zusätzlich eingezäunten Mauer vorbei. Mehr bekommt man von Aussen nicht zu sehen, denn es handelt sich um die grösste geschlossene Männer-Strafanstalt der Schweiz. Um hier eingewiesen zu werden, muss man volljährig und zu mindestens einem Jahr Freiheitsstrafe verurteilt sein. Der Komplex bietet Platz für 430 Insassen, die während ihres Aufenthaltes verpflichtet sind zu arbeiten. Es ist möglich, hier einen Beruf zu erlernen. Die durchschnittliche Aufenthaltsdauer beträgt lediglich drei Jahre. Das heisst jedoch nicht, das die meisten nach drei Jahren in die Freiheit entlassen werden. Wahrscheinlicher ist, dass sie in ein Arbeitsexternat verlegt, in Ausschaffungshaft überführt oder an ein anderes Land ausgeliefert werden. Neben einem internen Arztdienst verfügt die Anstalt auch über psychologische und psychiatrische Hilfe und begleitet manche Straftäter auf ihrem schweren Weg zurück in ein normales Leben. Von all dem bekommen wir jedoch nichts mit, denn die Mauer ist zu hoch. Doch insgeheim sind wir auch ganz froh, dass wir die Anstalt nicht von innen sehen müssen.

www.justizvollzug.zh.ch
«Strafanstalt Pöschwies»

Erholung im Bachsertal

Der eine oder andere Leser erinnert sich daran, wie er in der Schule Korbball gespielt hat, eine Variante des viel berühmteren amerikanischen Basketballs. Wer hat gewusst, dass die Schweizer Korbballmeisterinnen aus der kleinen Gemeinde Bachs kommen? Sie haben 2008 den Meistertitel schon zum fünften Mal in Folge ins Zürcher Unterland getragen.

ZVV EIN TICKET FÜR ALLES

Anreise: S5 Zürich–Dielsdorf, weiter mit dem Bus Richtung Stadel/Niederglatt bis zur Haltestelle Post in Bachs

Rückreise: Von Fisibach-Schulhaus mit dem Bus nach Niederweningen und mit der S5 zurück nach Zürich

Unsere Route: Bachs – Dorfwisen – ARA – Neumüli – Hueb – Talmüli – Hägele – Fisibach

Landeskarten der Schweiz 1:25 000, Blätter 1051 «Eglisau» und 1071 «Bülach» oder Wanderkarte 1:50 000, Blatt 215T «Baden»

Rund 1 h 45 min von Bachs nach Fisibach, bis Kaiserstuhl wären es nochmals etwa 20 min.

Leicht – angenehmer Spazierweg entlang dem Fisibach – 20 m bergauf, 118 m bergab

www.zueri-unterland.ch
Tel. 044 860 44 25
Tel. ZVV 0848 988 988
contact@zvv.ch

564 Einwohner zählt die eigenständige Gemeinde Bachs im Zürcher Unterland.

Mitte: Dorfkapelle Fisibach aus dem 17. Jh.
Unten: Verwachsenes «Hexenhäuschen»

Fotos: Phillipe Cruz

Oben: Es klappert die Talmüli am rauschenden Bach – idyllischer geht's kaum mehr ...
Unten: Mitte August wachsen die Kürbise heran und können bald geerntet werden.

Das kleine Paradies im Natur-Erlebnis-Tal

Eine der letzten intakten Kulturlandschaften des Kantons Zürich befindet sich im Bachsertal – wenigstens verspricht dies die Website der Gemeinde Bachs, ein schmuckes Riegelbau-Dorf mit gerade mal 564 Einwohnern. Der Augenschein vor Ort bestätigt, dass sie damit gar nicht mal so unrecht haben. Vom 912 Hektaren grossen Gemeindegebiet entfallen 44 Prozent auf Wald, drei Prozent auf Siedlungen und vier Prozent auf Verkehrswege. Das restliche Gebiet wird von der Landwirtschaft genutzt. Somit bieten sich uns im Bachsertal ideale Möglichkeiten, um vom Stress des Alltags und der nur 18 Kilometer entfernten Grossstadt Zürich abzuschalten. Der Startpunkt zu unserer Wanderung befindet sich bei der Post, wo sich auch eine Bushaltestelle befindet. Wir folgen dem Wegweiser durch die Gemeindehausstrasse bis zur Abzweigung bei der Kirche. Hier heisst es aufgepasst: Wir dürfen nicht dem Schild folgen, das rechts hinauf Richtung Kaiserstuhl weist. Stattdessen bleiben wir auf der Gemeindehausstrasse, biegen in die Dorfstrasse und später in die Dorfwisen(strasse) ein. Jetzt sind wir auf Kurs und spazieren entlang dem schmalen Fisibächlein, das still vor sich hingurgelt.

tipp:

Kaiserstuhl am Rhein

Wer nach knapp zwei Stunden Wanderzeit in Fisibach angekommen ist, kann entweder auf den nächsten Bus warten oder entlang der Strasse und über den Kreisel ins kleine Rheinstädtchen Kaiserstuhl spazieren. Mal abgesehen vom Weg an der Strasse lohnt sich dieser Abstecher, denn das mittelalterliche Landstädtchen mit seiner über 750-jährigen Geschichte gehört zu den reizendsten Orten im Kanton Aargau. Auf einem kurzweiligen Rundgang entdecken wir zahlreiche sehenswerte Bauten: das Obere Tor, das herrschaftliche Marschallhaus, den früheren Gasthof «Zur Krone». Auch ein Blick oder ein Gang über den Rhein ins benachbarte Deutschland lohnt sich: das Schloss Rötteln direkt am Wasser bildet einen markanten Grenzposten. Rheinaufwärts gäbe es auf der Schweizer Seite noch eine kleine Badi für alle, die eine Abkühlung notwendig haben. Nach unserer Besichtigung fahren wir mit dem Bus zurück nach Fisibach und weiter nach Niederweningen.

Das Bachsertal im Zürcher Unterland wird von zahlreichen stattlichen Riegelbauten geprägt: im Bild die Neumüli.

Links: Blumen vor jedem Fenster – die Bachser Landfrauen haben Sinn fürs Schöne.
Rechts: Aufpassen in Bachs – nicht diesen Weg nach Kaiserstuhl benützen!

Ein gutes Stück wandern wir parallel zum Wasser, gegenüber der Strasse steht die Neumüli, ein tadellos instand gesetztes Fachwerkhaus.

Das Bachsertal gilt auch als Vogelparadies. SVS/BirdLife Schweiz hat eine Natur-Erlebnis-Karte herausgegeben. Bis auf ein kurzes Stück beim Weiler Hueb verläuft unsere Route entlang der vorgeschlagenen Naturwege. Kleine Piktogramme auf der Karte weisen auf das harmonische Dorfbild, die strukturierte Landschaft und die Artenvielfalt hin: ein Efeubaum an der Laterne, ein Hochstamm-Obstgarten, eine trockene Magerwiese, ein spezieller Waldrand – das Wertvolle liegt im Detail.

Ein kleines Juwel in der Landschaft ist auch die Talmüli, ein Fachwerkbau, der an längst vergangene Zeiten erinnert. Wir wandern nun dem Waldrand entlang, steigen wenige Meter bergauf und blicken hinunter zu dem intakt in die Landschaft eingebetteten Weiler Hägele. Ziel unserer erholsamen Tour durch das Bachsertal ist der Ort Fisibach. An der Kapelle vorbei geht's zur Bushaltestelle an der Schulhausstrasse.

Zürcher Unterland: Auzelg – Rümlang Bäuler

34

Die neue grüne Stadt

In den letzten Jahren ist im Norden der Stadt Zürich ein modernes Wohn- und Businessquartier entstanden. Zwischen dem Fernsehstudio und dem Flughafen sind viele moderne Wohn- und Büroblöcke wie Pilze aus dem Boden geschossen. Seit Dezember 2008 ist das Leben noch etwas einfacher: Die neue Glattalbahn-Linie 10 verbindet Arbeits-, Wohn- und Freizeitstätten.

ZVV EIN TICKET FÜR ALLES

Anreise: Vom Bahnhofplatz mit der Glattalbahn (Linie 10) nach Rümlang-Bäuler

Rückreise: Ab Auzelg in 25 min mit dem Tram 11 Richtung Klusplatz bis Bahnhofquai/HB

Unsere Route: Rümlang-Bäuler – Glattbrugg – Schwimmbad Bruggwiesen – Familiengärten – Auzelg

Landeskarten der Schweiz 1:25 000, Blätter 1091 «Zürich» und 1071 «Bülach»

Rund 1 h 30 min von Bäuler bis Auzelg, nochmals 30 min für den Rundgang im Opfikerpark

Leicht – keine Steigung, angenehmer, schattiger Spazierweg am Glattufer – grüne Insel in der Stadt

www.zuerich.com
Tel. 044 215 40 00
Tel. ZVV 0848 988 988
contact@zvv.ch

Ein Airbus 340 der Swiss tritt unter moderatem Lärm seine lange Reise an.

Oben: Zwei Glattal-Cobras beim Flughafen
Unten: Reformierte Kirche Opfikon

Fotos: Ronald Gohl. Philline Cruz

Der Opfikerpark dient als Ausgleich zur dichten Bauweise im Opfiker Stadtteil Glattpark. Wege, Stege, Wiesen und ein See laden zum Verweilen ein.

Mit der Strassenbahn zum Flugzeug

Wären die riesigen Jets nicht, die zwar leiser als früher, aber noch immer über dem Glattal zum «Take-off» ansetzen und erst noch eine scharfe Rechtskurve in niedriger Höhe fliegen, würden Opfikon und der Glattpark wohl zur beliebtesten Region Zürichs zählen. Aber immerhin: Auch so ziehen, ungeachtet der Flieger, immer mehr Menschen in den Norden der Stadt. Vor allem die schönen Neubauten inmitten des 128 000 Quadratmeter grossen Glattparks weisen eine hohe Lebensqualität auf. Im Mittelpunkt des städtebaulichen Wunders befindet sich ein 550 Meter langer und 41 Meter breiter See – schnurgerade, auf dem Reissbrett entworfen, und trotzdem nicht hässlich. Seine Ufer sind mit Schilf bewachsen und der Glattpark propagiert auf seiner Website, dass das Wasser sogar Badequalität hat.
Auf den Spuren der neuen Strassenbahn mit ihren schneeweissen «Cobras» wollen wir diese Region zu Fuss und natürlich mit der Bahn erkunden. Es ist keine Trabantenstadt, in der nur geschlafen wird, hier stellten die Planer rechtzeitig städtebauliche Weichen, so dass man im Quartier auch arbeiten und seine Freizeit verbringen kann. Die neue Glattalbahn zieht sich wie ein Lebensnerv durch das pulsierende junge Zürich. Tagsüber und am Wochenende wird die Glattalbahn auch von zahlreichen Ausflüglern genutzt. Wie

34

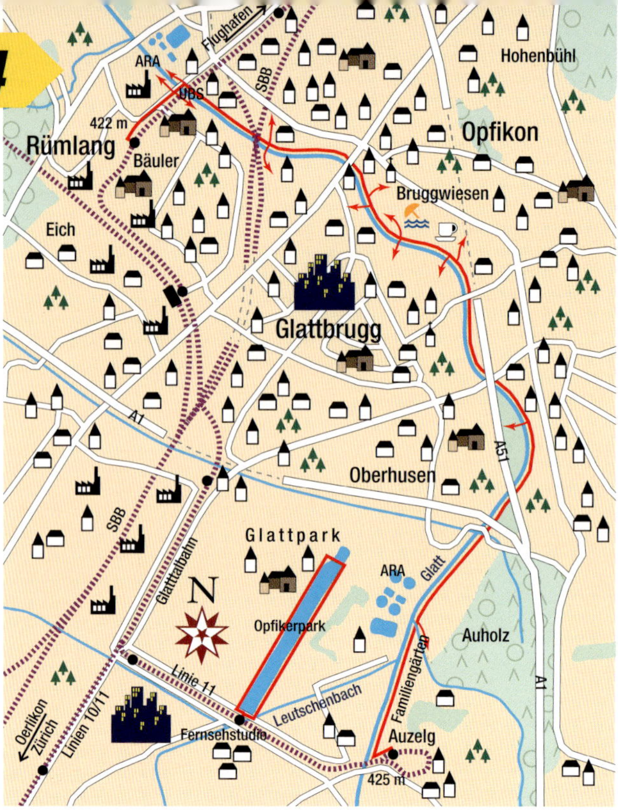

wär's mit einer Bus-Rundfahrt auf dem Gelände des Flughafens oder mit einer Skatingtour rund um den Airport? Auch Spaziergänger kommen auf ihre Kosten, zum Beispiel auf dem idyllischen Naturweg entlang der Glatt. Beim grossen UBS-Bürokomplex (Haltestelle Bäuler) steigen wir aus. Hier sitzen Investmentbanker, Trader und andere wichtige Hintermänner des Bankenbusiness. Hinter dem modernen Gebäude zweigt der Glattuferweg ab. Schon nach wenigen Schritten erwartet uns eine Landschaft der Kontraste: das Wasser, viel Grün, Natur pur – die Nähe zu einer der pulsierendsten Regionen der Schweiz ist rasch vergessen. Einzig die zahlreichen Viadukte der SBB und der Autobahnen erinnern uns für kurze Augenblicke wieder an die Nähe zur Stadt. Eine solche Brücke, über die der 11er fährt, kündigt nach rund eineinhalb Stunden auch das Ende der Wanderung an. Wir verlassen die Glatt und steigen an der Kehrschleife Auzelg in die Linie 11. Eine Haltestelle weiter verlassen wir beim Fernsehstudio schon wieder das Tram. Ein Rundweg führt uns durch die künstlich geschaffene Wasserwelt am Opfikerpark. Vielleicht liegt sogar noch eine kleine Abkühlung drin, bevor wir mit dem 11er über Oerlikon zurück zum Hauptbahnhof fahren.

Der gut ausgebaute und leicht zu begehende Uferweg entlang der 36 km langen Glatt

tipp:

Bus-Rundfahrt am Flughafen

Wie wär's mit einer Bus-Rundfahrt auf dem Gelände des Flughafens vor der Wanderung? Wir brauchen kein Flugticket um den Airport näher kennenzulernen. Die kommentierte Fahrt zeigt uns die wichtigsten Orte des Flughafens auf. Besonders beeindruckend ist das vermittelte Wissen über die Anzahl der Angestellten und die Anzahl startenden und landenden Maschinen pro Tag. Beim Pistenkreuz dürfen wir den Bus verlassen und die Flugzeuge hautnah beim Abheben beobachten. Bei diesem Lärm scheint es unvorstellbar, dass es ganz in der Nähe ein grosses Naturschutzgebiet hat. Und doch bietet das Flughafengelände Lebensraum für seltene Tierarten und Pflanzen, die sich nicht von den grossen Maschinen beeindrucken lassen. Nach der 75-minütigen Rundfahrt wünscht sich jeder sehnsüchtig, selbst in ein Flugzeug zu steigen und abzuheben.
Infos: www.flughafen-zuerich.ch

Ein guter Tropfen

Zürcher Wein für Zürcher Wanderer

Das Wandern ist des Müllers Lust. Aber auch der Winzer darf sich freuen, denn zu einer erlebnisreichen und geselligen Wanderung gehört auch ein Gläschen Wein in einem gemütlichen Landgasthof. Davon gibt es im Kanton Zürich viele – schönste Fachwerkbauten, gemütliche Gärten. Und einen guten Tropfen, ob weiss oder rot, gibt es allemal im Weinbaukanton Zürich.

Rebberge von Urs Pircher, Eglisau am Rhein

Tag der offenen Weinkeller

Es hat sich bereits herumgesprochen – der 1. Mai ist der Tag der Weinbauern. Jährlich vergrössert sich der Kreis der beteiligten Betriebe ebenso wie der Besucherstrom.
Weitere Infos:
www.offeneweinkeller.ch
oder Branchenverband Zürcher Wein
Tel. 052 224 28 22
www.zuercherwein.ch

Kräftig oder unbeschwert

Mit rund 600 Hektaren Rebland und vielen Winzerbetrieben darf sich Zürich als grösster Weinbaukanton der Deutschschweiz rühmen. Die Anpflanzung von Rebstöcken beschränkt sich dabei keineswegs aufs Weinland, auch auf der Zürcher Seite des Rheinfalls, in Eglisau, am Zürichsee, an den Südhängen der Stadt Winterthur, ja selbst im Zürcher Oberland gedeihen prächtige Weintrauben, die später zu einem guten Tropfen weiterverarbeitet werden.

Ernte im Rafzerfeld. Bei der Traubenannahme in der Staatskellerei wird der Oechsle gemessen.

Rebberg Goldenberg in der Stadt Winterthur

Das Zürcher Weinland zeichnet sich durch ein rauhes und trockenes Klima aus. Der dezente Wein mit viel Frucht erfreut sich grosser Beliebtheit. Die Besonderheit des Klimas ermöglicht auch Spezialitäten wie Eiswein herzustellen. Weinbaugebiete gibt's nicht nur an der Thur und am Rhein. Stammertal, Kohlfirst, Thurtal und Flaachtal Irchel heissen die vier Hauptregionen. Weinländer Herbstfest, Adventsdegustation, Tag der offenen Weinkeller, Glühwein am Lagerfeuer – die Ideen der Winzer sind kreativ und prägen die Region vor allem nach der Lese im Herbst.

In und um Winterthur wird für jeden Wein-Geschmack etwas geboten. Rund 80 Hektaren Rebfläche, die wir auf einer gemütlichen Wanderung oder während einer Velotour erkunden, werden von den Winzern des Weinbauvereins Winterthurer Weinland gehegt und gepflegt. Ein kräftiger anspruchsvoller Roter liegt genau so in den Kellern wie ein unbeschwert weisser Tropfen. Ein besonderes Highlight ist das Orts- & Weinbaumuseum Neftenbach (siehe Box), das in unmittelbarer Nachbarschaft des verträumten Landschlösschens Wart liegt.

Gäste im Rebhaus von Martin Schnorf, Uetikon

Das Unterland und Rafzerfeld wird durch Hügel und Täler geprägt. Klimatisch begünstigte Südhanglagen sind Standorte für Weine mit viel Frucht und Eleganz. Neben dem Blau-

Fotos: Siffert/weinweltfoto.ch

tipp:

Weinbaumuseun Neftenbach

In einer ehemaligen romantischen Trotte mitten in den Reben von Neftenbach lädt das Weinbaumuseum zu einem Besuch ein. In dem Riegelbaugebäude, das unter Denkmalschutz steht, ist die ehemalige Sommerwohnung einer Zürcher Ratsfamilie zu sehen. Weinbau, Laienherstellung und Holzverarbeitung sind die Schwerpunktthemen der Ausstellung im Orts- & Weinbaumuseum Neftenbach. Öffnungszeiten: von April bis Oktober jeden ersten Sonntag im Monat, 14.00-17.00 Uhr. Lage: am Wander- und Veloweg von Neftenbach nach Dättlikon.
Infos: www.museum-neftenbach.ch

Weinbaumuseun Wädenswil

Auf der idyllisch gelegenen Halbinsel Au am Zürichsee finden wir am Rand des Rebbergs in einer umgebauten Scheune das 1978 gegründete Weinbaumuseum. Prunkstück der Ausstellung ist die riesige, 250 Jahre alte Baumpresse mit einer Länge von 13 Metern. Weitere Gegenstände dokumentieren die Geschichte und die Entwicklung des Weinbaus am Zürichsee. Interessant ist auch die umfangreiche Rebsortensammlung gleich neben dem Museum. Öffnungszeiten: für Einzelbesucher jeweils am Sonntagnachmittag, 14.00-16.00 Uhr (Anfang April bis Ende Oktober, Ausnahmen siehe Web).
Infos: www.weinbaumuseum.ch

Winzervesper im Rebhüsli, Hans-Heinrich Haug, Weingut Haug, Weiningen

Holzfasskeller, Volg Weinkellereien, Winterthu

Rebberg Schipfgut Herrliberg, Kaspar von Meyenburg